Getränke- und Servierkunde

von Friedel Dries
und Siegfried Struwe

5., überarbeitete Auflage

Fachbuchverlag Dr. Pfanneberg & Co., Gießen · Leipzig

ISBN 3-8057-0378-3

Alle Rechte vorbehalten.
Das Werk und seine Teile sind urheberrechtlich geschützt.
Jede Verwertung in anderen als den gesetzlich zugelassenen Fällen bedarf deshalb der
vorherigen schriftlichen Einwilligung des Verlages.
© by Fachbuchverlag Dr. Pfanneberg & Co., Gießen · Leipzig, 1993
Umschlagentwurf: Erich Augstein, Gießen
Druck und buchbinderische Verarbeitung: Brühlsche Universitätsdruckerei, Gießen

Vorwort

Die „Getränke- und Servierkunde" wurde als Teilgebiet der gastgewerblichen Fachkunde 1975 in erster Auflage vorgelegt.

Absicht des Autors war es dabei, den Auszubildenden diese fachlichen Lerninhalte in einer möglichst knappen und leicht erfaßbaren Form in die Hand zu geben.

Das Interesse an diesem Buch sowie die bis heute kontinuierlich fortbestehende Nachfrage machen deutlich, daß damit einem echten Bedürfnis entsprochen wurde.

Selbst in den Berufen der Hauswirtschaft hat dieses Lehrbuch Eingang gefunden und wird gerne zur Ergänzung und Vertiefung der eigenen fachkundlichen Lerninhalte herangezogen.

Grund genug also für die Herausgabe einer neuen, überarbeiteten Auflage. Dabei wurden alle in der Zwischenzeit eingetretenen Änderungen bezüglich gesetzlicher Vorschriften und fachlicher Inhalte berücksichtigt.

Trier, 1993   Siegfried Struwe

Inhaltsverzeichnis

Getränkekunde

Alkoholfreie Getränke 9

I. Erfrischungsgetränke 9
A. Wasser und mineralische Wässer 9
B. Getränke aus Früchten und Aromastoffen 13
C. Milch und Milchgetränke 15

II. Aufgußgetränke 16
A. Kaffee 16
B. Tee 22
C. Kakao und Schokolade 26

Alkoholhaltige Getränke 28

I. Biologie der Alkoholgewinnung 28
A. Arten und Eigenschaften der Zuckerstoffe 28
B. Bildung und Aufbau des Zuckers im Getreide 29
C. Abbau des Zuckers im Getreidekorn 31
D. Vergären des Zuckers durch Hefepilze 31
E. Zuckerumwandlung bei der Getränkeherstellung 33

II. Bier 33
A. Rohstoffe der Bierbereitung 33
B. Herstellen des Bieres 36
C. Gattungen und Arten der Biere 37
D. Sorten der Biere 38
E. Pflege des Bieres 40
F. Ausschenken des Bieres 41

III. Wein 43
A. Herstellung von Wein 44
B. Deutscher Weinbau 49
C. Deutsche Weine 55
D. Außerdeutsche europäische Weine 58
E. Servieren von Wein 62
F. Herstellen und Servieren von Schaumwein 71
G. Dessertweine, weinähnliche und weinhaltige Getränke 76

IV. Spirituosen 78
A. Alkohol der Spirituosen 78
B. Aromastoffe der Spirituosen 81
C. Spirituosen 82
D. Branntweine aus Wein 83
E. Brände aus Obst 87
F. Brände aus Getreide 88
G. Brände aus speziellen Rohstoffen 90
H. Liköre 92
I. Mixgetränke 94

Servierkunde

Tische, Tischwäsche und Tafelgeräte 97

I. Tische und Tischwäsche 97
  A. Einzeltische und Festtafeln 97
  B. Tischwäsche 98
  C. Handhaben von Tisch- und Tafeltüchern im Service 101
  D. Formen von Mundservietten 104

II. Tisch- und Tafelgeräte 109
  A. Bestecke 109
  B. Gläser 115
  C. Porzellangeschirr 120
  D. Sonstige Tisch- und Tafelgeräte 123

Vorbereitungsarbeiten und allgemeine Regeln für den Service 127

I. Vorbereitungsarbeiten 127
  A. Überblick über die Vorbereitungsarbeiten 127
  B. Vorbereiten von Servicetischen 128
  C. Eindecken von Tischen und Tafeln 130

II. Allgemeine Begriffe und Richtlinien für den Service 136
  A. Arten und Methoden des Service 136
  B. Grundlegende Richtlinien für den Service 138

III. Richtlinien für den Teller- und Plattenservice 139
  A. Tellerservice 139
  B. Plattenservice 144

Frühstücks-, Bankett- und Buffetservice 150

I. Frühstücksservice 150
  A. Arten und Angebotsformen des Frühstücks 150
  B. Frühstücksservice 153

II. Bankettservice 157
  A. Bankettvereinbarung 158
  B. Vorbereitung des Banketts 159
  C. Durchführung des Banketts 163

III. Buffetservice 167
  A. Aufbau des Kalten Buffets 167
  B. Betreuung des Kalten Buffets 169

Verkaufen und Abrechnen im Restaurant 170

I. Verkaufen im Restaurant 170
  A. Kaufmotive, Gästetypen und Gäste spezieller Art 170
  B. Umgang mit den Gästen 175
  C. Führen von Verkaufsgesprächen 176

II.	**Abrechnen mit dem Gast und dem Betrieb**	179
A.	Arbeiten mit dem Bonbuch	179
B.	Arbeiten mit Registrierkassen	183

Alphabetisches Sachregister 187

Getränkekunde

Die Getränke werden in zwei grundlegende Arten eingeteilt:
- Alkoholfreie Getränke
- Alkoholhaltige Getränke

Alkoholfreie Getränke

Zu ihnen gehören: Erfrischungsgetränke, Aufgußgetränke und Milch.

I. Erfrischungsgetränke

Sie werden, wie der Name sagt, zur Erfrischung getrunken und nach folgenden Gruppen unterschieden:
- Wasser, Mineralwässer, Quellwässer und Tafelwässer
- Fruchtsäfte, Fruchtnektare, Fruchtsaftgetränke, Limonaden und Brausen
- Milch sowie Getränke aus und mit Milch

A. Wasser und mineralische Wässer

1. Chemisch reines Wasser

Chemisch reines Wasser hat die wissenschaftliche Formel H_2O.
Die Formel gibt an, welche Elemente an dieser Verbindung beteiligt sind.
- 2 Teile Wasserstoff → H_2
- 1 Teil Sauerstoff → O

Chemisch reines Wasser gewinnt man durch Destillation.
Dabei sind drei Vorgänge von Bedeutung:
- Erhitzen des Wassers in einem geschlossenen Gefäß, wobei das reine Wasser (H_2O) verdampft,
- Ableiten des Wasserdampfs in eine an das Gefäß angeschlossene Leitung, wobei die „anderen" Stoffe im Gefäß zurückbleiben,
- Abkühlen des Wasserdampfes innerhalb der Leitung, wobei sich der Dampf in Wasser zurückverwandelt und in einem zweiten Gefäß aufgefangen wird.

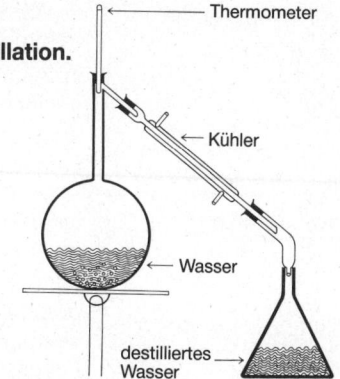

2. Wasser in der Natur

Das Wasser in der Natur ist kein chemisch reines Wasser.
Durch die ständige Berührung mit anderen Stoffen der Natur enthält es diese in mehr oder weniger großen Mengen:
- Kohlendioxid, im alltäglichen Sprachgebrauch meist Kohlensäure genannt,
- Mineralstoffe und Spurenelemente.

Das Wasser unterliegt in der Natur einem ständigen Kreislauf.
Dabei unterscheiden wir Niederschlagswasser, Oberflächenwasser und Grundwasser.

Niederschlagswasser	• Wasser, welches in Form von Regen, Schnee, Hagel, Nebel oder Tau zur Erde fällt • es enthält in Spuren andere Stoffe: – Kohlendioxid – Verunreinigungen durch Rauch und Abgase
Oberflächenwasser	• Niederschlagswasser, welches sofort nach dem Niederschlag oder später als Quellwasser in Bächen, Flüssen, Seen und Meeren zusammenfließt (Zusammensetzung siehe unten)
Grundwasser	• Niederschlagswasser, das in die Erde versickert und später als Quelle hervortritt oder sich in Brunnen sammelt • es nimmt die in den Erdschichten befindlichen löslichen Stoffe auf und enthält deshalb in wechselnden Mengen: – Kohlendioxid – Mineralstoffe – Spurenelemente

Oberflächenwasser kann sehr unterschiedliche Zusammensetzungen haben.

Binnengewässer	• ihr Wasser wird als Süßwasser bezeichnet, weil der Salzgehalt im Vergleich zum Meerwasser relativ niedrig ist • in unkultivierten Gebieten hat es eine dem Grundwasser ähnliche Zusammensetzung • in kultivierten Gebieten ist es durch Abwässer und Müll verunreinigt
Offene Meere	• ihr Wasser wird als Salzwasser bezeichnet, weil die Salzmengen durch die dauernde Verdampfung reinen Wassers an der Oberfläche erhöht wird (siehe Destillation) • durch Ablagerungen auf dem Meeresgrund und wegen des ständigen Verbrauchs durch das pflanzliche und tierische Leben im Meer bleibt der Salzgehalt konstant

3. Trinkwasser

Obwohl es in der Wohlstandsgesellschaft im allgemeinen nicht mehr üblich ist, Wasser zur Erfrischung zu trinken, wird es dennoch von manchen Menschen zum Essen verlangt. Aus diesem Grunde hält es der gastgewerbliche Betrieb zu den Mahlzeiten in Karaffen bereit.

4. Mineralische Wässer

Mineralische Wässer unterscheiden sich vom Trinkwasser.
Sie müssen laut Gesetz in größeren Mengen Stoffe enthalten, die im Trinkwasser nur in sehr geringen Mengen vorkommen:
- Mineralstoffe und/oder Kohlendioxid

In diesem Zusammenhang sind vorerst einige naturwissenschaftliche Erläuterungen unerläßlich.

Mineralsalze sind Verbindungen aus einem Metall und einem Säurerest.
Sie entstehen z. B., wenn sich Säuren und Laugen miteinander vermischen.

Beispiel:

Salzsäure + Natronlauge → Natriumchlorid + Wasser
HCl + NaOH → NaCl + H_2O
              (Mineralsalz)

- Na ist das Metall (Natrium).
- Cl ist der Säurerest (Chlorid).

Mineralsalze werden nach dem jeweiligen Säurerest benannt.
- Die Salze der Salzsäure heißen Chloride (Säurerest ist Chlorid).
- Die Salze der Kohlensäure heißen Karbonate (Säurerest ist Karbonat).
- Die Salze der Schwefelsäure heißen Sulfate (Säurerest ist Sulfat).
- Die Salze der Phosphorsäure heißen Phosphate (Säurerest ist Phosphat).

Kohlendioxid und Mineralsalze befinden sich in mineralischen Wässern in gelöster Form.
Das Lösen erfolgt bei natürlichen mineralischen Wässern durch das Eindringen von Niederschlagswasser in tiefere Erdschichten. Bei künstlichen mineralischen Wässern werden die genannten Stoffe dem Wasser zugesetzt.

- Kohlendioxid: $H_2O + CO_2 \rightarrow H_2CO_3$
  (Kohlensäure)
- Mineralsalz: $H_2O + NaCl \rightarrow Na + Cl$
  (Mineralstoffe)

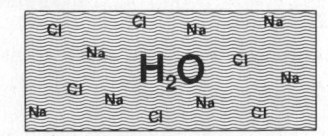

5. Arten der mineralischen Wässer

Das Gesetz unterscheidet dabei Mineralwässer, Quellwässer und Tafelwässer.

Mineralwässer enthalten größere Mengen Mineralstoffe und/oder Kohlensäure.
Es handelt sich um natürliche Wässer. Sie müssen aus einer natürlichen oder künstlich erschlossenen Quelle stammen. Das Gesetz nennt drei Arten der Mineralwässer sowie die jeweils vorgeschriebenen Merkmale.

Mineralwasser	• mindestens 1000 mg Mineralstoffe oder 250 mg Kohlensäure je Liter
Säuerling	• mindestens 250 mg Kohlensäure je Liter
Sprudel	• ein Säuerling, der unter eigenem Kohlensäuredruck aus der Erde hervorsprudeln muß

Kohlensäurefreies Mineralwasser nennt man „stilles Wasser" (z. B. Fachinger).

Bei der Aufbereitung von Mineralwässern sind lediglich folgende Maßnahmen erlaubt:

Enteisen	• um spätere bräunliche Verfärbungen zu vermeiden
Entschwefeln	• um den unangenehmen Geruch von Schwefelwasserstoff auszuschalten
Kohlensäurezugabe	• um die erfrischende Wirkung zu erhöhen

Quellwässer enthalten geringere Mengen Mineralstoffe und/oder Kohlensäure.
Aus diesem Grunde wären die Bezeichnungen Mineralwasser, Säuerling oder Sprudel irreführend und sind deshalb für Quellwässer verboten. Hinsichtlich des Ursprungs und der Behandlung gelten jedoch die gleichen Vorschriften wie für Mineralwässer.

Tafelwässer sind künstliche mineralstoff- und kohlensäurehaltige Wässer.

Zutaten	• Trinkwasser oder Quellwasser
	• natürliches salzreiches Wasser (Sole) oder keimfreies Meertiefwasser
	• durch Gesetz zugelassene Chloride oder Karbonate

Die Bezeichnung Tafelwasser darf durch Sodawasser (kurz Soda) ersetzt werden, wenn es je Liter mindestens 750 mg Natriumhydrogenkarbonat ($NHCo_3$) enthält.

6. Verwendung von mineralischen Wässern

pur	• des neutralen Geschmacks wegen an heißen Tagen, bei Konferenzen und nach erhöhtem Alkoholgenuß
zum Mischen	• um die Konzentration des Alkohols bzw. des Aromas in anderen Getränken abzuschwächen und gleichzeitig die erfrischende Wirkung zu erhöhen Beispiele: Weinschorle (Gespritzter, Campari-Soda, Whisky-Soda)

B. Getränke aus Früchten und Aromastoffen

1. Bewertung der Frucht- und Aromagetränke

Unter dem Gesichtspunkt unterschiedlicher Mengen an wertbestimmenden Bestandteilen ergibt sich folgende qualitative Abstufung:
- Fruchtsäfte und Fruchtnektare
- Fruchtsaftgetränke und Limonaden
- Brausen

Fruchtsäfte und Fruchtnektare haben einen besonders hohen Wert.

Kriterien	• hoher Fruchtanteil
	• reich an Vitaminen und Mineralstoffen sowie an Fruchtsäuren und Fruchtzucker
	Vitaminzugaben wirken sich zusätzlich qualitätssteigernd aus.
ernährungs-physiologische Bedeutung	• Fruchtsäfte und -nektare dienen der Gesundheit,
	• erhöhen die Abwehr von Erkältungskrankheiten,
	• wirken belebend auf das Stoffwechselgeschehen.

2. Fruchtsäfte

Fruchtsäfte bestehen zu 100 % aus dem Saft der verwendeten Früchte.

Ausgangs-produkte	• entweder originaler Preßsaft
	• oder ein Saftkonzentrat, das als Zwischenprodukt gewonnen und bei der endgültigen Saftbereitung wieder zurückverdünnt wird (bis zu 50 % Wasserentzug)
Zugaben	• lediglich gesetzlich festgelegte Mengen Zucker, die der Harmonisierung des Geschmacks dienen

Bei der Kennzeichnung von Fruchtsäften muß in Verbindung mit der Bezeichnung „... saft" die jeweils verwendete Frucht bzw. die Früchte genannt werden, z. B.:

eine Fruchtsorte	• Orangensaft, Apfelsaft, Traubensaft
zwei Fruchtsorten	• Orangen-Grapefruit-Saft
mehrere Fruchtsorten	• Mehrfrucht-Saft – Orange, Ananas, Traube
	– Maracuja usw.
	Merke: Die Fruchtsorten müssen entsprechend der jeweils verwendeten Menge in absteigender Reihenfolge aufgeführt werden.

3. Fruchtnektare

Fruchtnektare haben gegenüber Fruchtsäften einen niedrigeren Fruchtgehalt.

Fruchtgehalt	• die gesetzlich vorgeschriebene Mindestmenge beträgt je nach der verwendeten Frucht zwischen 25 und 50 % • die Mitverwendung von Fruchtmark verleiht den Getränken eine angenehme dickflüssige Beschaffenheit
ergänzende Zugaben	• Wasser und Zucker

> Beachte: Trotz des niedrigeren Fruchtgehalts sind Fruchtnektare wegen ihres harmonischen Geschmacks sehr beliebt.

Bei der Kennzeichnung darf der Wortbestandteil „... nektar" nicht fehlen. Die Fruchtangaben sind wie bei den Fruchtsäften.

Beispiele:
- eine Fruchtsorte: Orangennektar, Pfirsichnektar
- zwei Fruchtsorten: Orangen-Pfirsich-Nektar
- mehrere Fruchtsorten: Mehrfrucht-Nektar (mit Aufzählung der Fruchtsorten)

4. Fruchtsaftgetränke

Fruchtsaftgetränke gehören zu den süßen alkoholfreien Erfrischungsgetränken.

Die grundlegenden namengebenden Rohstoffe sind Fruchtsäfte oder Fruchtsaftkonzentrate. Der Saftgehalt ist jedoch noch niedriger als bei den Fruchtnektaren.

Mindestfruchtgehalt	• Kernobst (Apfel, Birne) → 30 % • Zitrusfrüchte (Orange, Zitrone) → 6 % • alle übrigen Früchte → 10 %
ergänzende Zutaten	• Wasser • Rohr- und Rübenzucker sowie Traubenzucker • Zitronen-, Apfel-, Weinsäure (sogenannte Genußsäuren) • Auszüge aus Zitrusfrüchten und andere natürliche Aromastoffe

Merke: Die Verwendung von Farbstoffen und künstlichen Konservierungsstoffen ist verboten.

Für die Art der Getränkebezeichnung ist es wichtig, ob bei der Herstellung Aromastoffe und Genußsäuren verwendet wurden.

• ohne die genannten Stoffe:	– Orangensaftgetränk	– Apfelsaftgetränk
• mit den genannten Stoffen:	– Fruchtsaftgetränk Orange	– Fruchtsaftgetränk Apfel

5. Limonaden und Brausen

Limonaden gehören ebenfalls zu den süßen alkoholfreien Getränken.

grundlegende Zutaten	• Wasser, Zucker und natürliche Aromastoffe • Fruchtsaft oder Fruchtauszüge • Apfel-, Zitronen- oder Weinsäure
ergänzende besondere Zutaten	• färbende Lebensmittel, z. B. Karotin oder Zuckercouleur • Koffein und Chinin

Merke: Chinin ist ein bitterschmeckender Auszug aus der Chinarinde (Stamm- oder Wurzelrinde).

Je nach den artbestimmenden Zutaten haben Limonaden unterschiedliche Bezeichnungen.

Beispiele:
- Fruchtsaftlimonaden → Orangenlimonade, Zitronenlimonade
- Fruchtaromalimonaden → Limonade mit Zitronen- oder Orangengeschmack
- Bitterlimonaden → chininhaltige Limonaden
  - Bitter-Orange ⎫
  - Bitter-Grapefruit ⎬ Saftlimonaden
  - Bitter-Lemon ⎭
  - Tonic Water → Aromalimonade
- Colalimonaden → koffeinhaltige Limonaden
- Ginger Ale → Aromalimonade mit Auszügen aus der Ingwerwurzel

Brausen sind einfache aromatisierte Erfrischungsgetränke.
Außer Wasser und Kohlensäure werden zur Herstellung im allgemeinen künstliche Süß-, Aroma- und Farbstoffe verwendet.

C. Milch und Milchgetränke

1. Milch als Getränk

Neben Wasser wird Milch von jeher als Getränk verwendet. Sie stillt jedoch nicht nur den Durst, sondern liefert außerdem in leicht verdaulichen Formen Zucker, Fett und Eiweiß sowie Vitamine und Mineralstoffe. Durch Pasteurisieren (Kurzzeiterhitzen unter 100 °C) wird sie keimarm und durch Sterilisieren (Erhitzen auf 100 °C und darüber) wird sie keimfrei gemacht.

Die Angebotsformen der Milch unterscheiden sich auch nach dem Fettgehalt.

Fettgehalte	• Vollmilch	→ 3,5 % Fett
	• teilentrahmte Milch	→ 1,5 bis 1,8 % Fett
	• entrahmte Milch	→ 0,3 % Fett (höchstens)

2. Getränke aus oder mit Milch

Getränke aus Milch ergeben sich durch bestimmte Verarbeitungsverfahren.

Sauermilch	• mit Hilfe von Milchsäurebakterien gesäuerte Milch
Trinkjoghurt	• durch artspezifische Gärungserreger gesäuerte Milch • entweder natur oder mit Früchten unterschiedlicher Art geschmacklich variiert
Buttermilch	• ein mildsäuerlich schmeckendes Nebenprodukt der Butterherstellung • ebenfalls natur oder mit Früchten geschmacklich ergänzt

Getränke mit Milch gehören zu den Mixgetränken.

Die Milch wird hierbei mit Früchten oder Obstsirup ergänzt. Bei ihrer Herstellung ist zu beachten: Zuerst die Milch in den Mixer geben, dann erst die Zutaten. Andernfalls gerinnt die Milch durch die konzentrierte Einwirkung der Fruchtsäuren.

Bananenmilch
Himbeermilch
Erdbeermilch usw.

II. Aufgußgetränke

Zu den Aufgußgetränken gehören Kaffee, Tee und Kakao. Wegen des jeweils besonderen Aromas sowie der anregenden Wirkung des Koffeins sind sie sehr beliebt. Die Rohprodukte kommen aus den Regionen beiderseits des Äquators: Amerika, Afrika und Asien.

A. Kaffee

1. Gewinnung und Lagerung des Röstkaffees

Kaffee ist ein Erzeugnis aus den kirschenähnlichen Früchten des Kaffeebaumes.

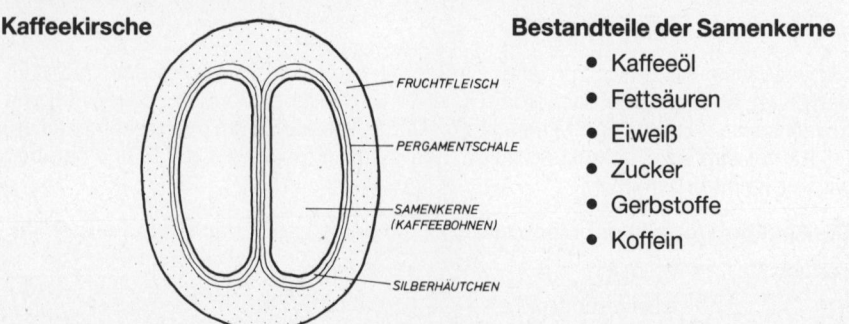

Kaffeekirsche

FRUCHTFLEISCH
PERGAMENTSCHALE
SAMENKERNE (KAFFEEBOHNEN)
SILBERHÄUTCHEN

Bestandteile der Samenkerne
- Kaffeeöl
- Fettsäuren
- Eiweiß
- Zucker
- Gerbstoffe
- Koffein

Anbaugebiete für die Rohstoffe der Aufgußgetränke

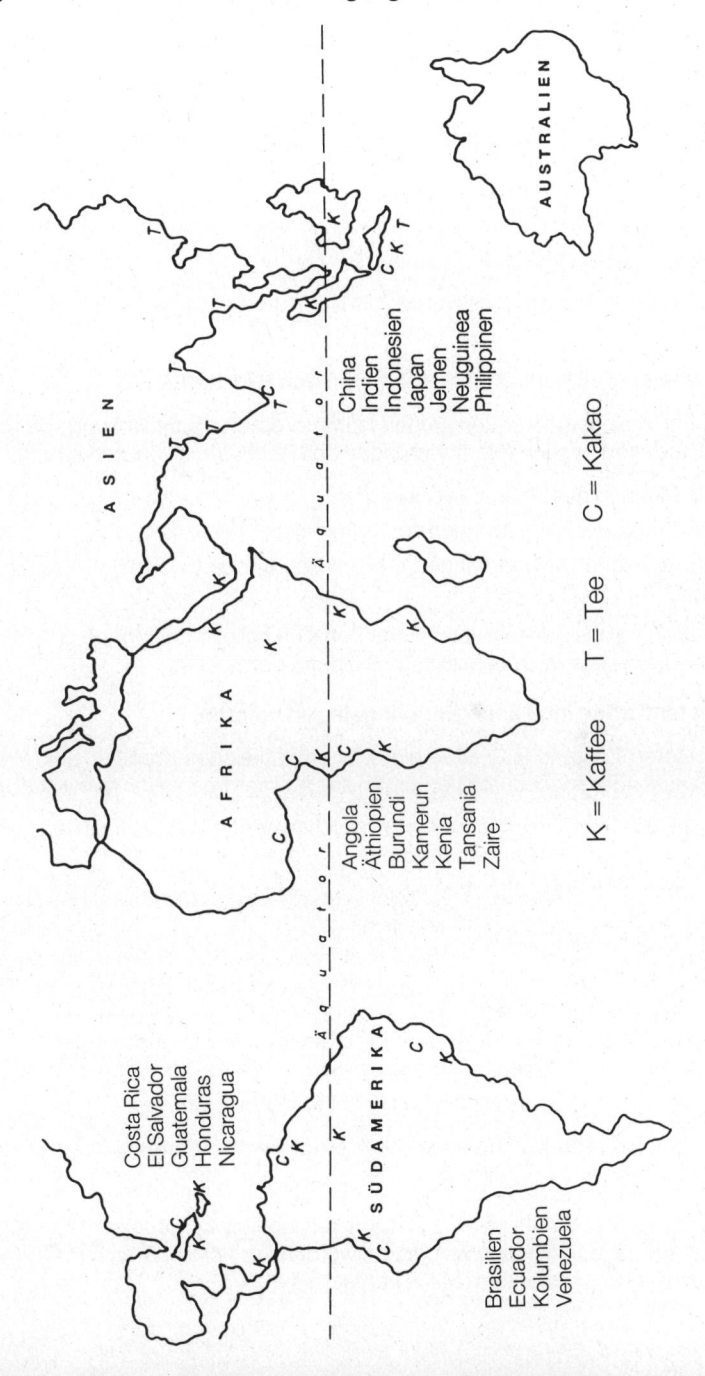

AUSTRALIEN

ASIEN

China
Indien
Indonesien
Japan
Jemen
Neuguinea
Philippinen

AFRIKA

Angola
Äthiopien
Burundi
Kamerun
Kenia
Tansania
Zaire

Costa Rica
El Salvador
Guatemala
Honduras
Nicaragua

SÜDAMERIKA

Brasilien
Ecuador
Kolumbien
Venezuela

K = Kaffee   T = Tee   C = Kakao

Durch Aufbereitung der Kaffeekirschen gewinnt man den Rohkaffee.

Die Aufbereitung erfolgt im Ernteland. Neben dem älteren trockenen und billigeren wird heute im allgemeinen das nasse Verfahren angewendet. Es gliedert sich in folgende Abschnitte:

- Grobes Entfernen des Fruchtfleisches,
- Fermentieren der freigelegten Kerne, wobei sich durch rohstoffeigene Wirkstoffe innerhalb von zwei Tagen das grundlegende Kaffeearoma entwickelt,
- Abspülen der zersetzten und wasserlöslich gewordenen Reste des Fruchtfleisches,
- Trocknen und Entfernen der Schalen.

Die gewonnenen Samenkerne werden als Rohkaffee in die Verbraucherländer exportiert.

Durch Rösten des Rohkaffees erhält man den Röstkaffee.

Er entsteht in einer rotierenden großen Trommel durch die Einwirkung von trockener Hitze. Dabei sind folgende Veränderungen des Rohkaffees von Bedeutung:

- Große Mengen des Wassers verdampfen,
- das Volumen der Kaffeebohnen vergrößert sich,
- durch stoffliche Umwandlungen entwickeln sich die endgültige Farbe und das Aroma.

Je nach der Art des Röstverfahrens ergeben sich helle, mittelfarbige und dunkle Röstungen. Die dunkle wird als Espresso-Röstung bezeichnet.

Gerösteter Kaffee muß sachgerecht gelagert werden.

Im gerösteten Zustand ist Kaffee ein sehr empfindliches Produkt. Sein Wert kann durch Verlust oder sogar durch Verderben des Aromas beachtlich gemindert werden.

Aromaverlust	• Ursache ist das Entweichen des leicht flüchtigen Aromas in die umgebende Luft
	Merke: • Luftdicht verschlossenes Aufbewahren ist unerläßlich
	• Vakuumverpackter Kaffee (luftarme Umgebung) ist besonders aromageschützt.
Aromaverderb	• hervorgerufen durch die stofflichen Veränderungen der Kaffeebestandteile bei zu langem Lagern (Überlagerung)
	• begünstigt durch Feuchtigkeit und Wärme
	Merke: Trockenes, kühles und nicht zu langes Lagern sind unerläßlich.

Vakuumverpackter Kaffee ist bis zu 6 Monaten lagerfähig. Nach dem Öffnen der Verpackung muß er jedoch rasch verbraucht werden, da sich die Aromastoffe nach dem Druckausgleich in verstärktem Maße verflüchtigen.

2. Besondere Kaffee-Erzeugnisse

Kaffee-Erzeugnisse unterscheiden sich vom eigentlichen Röstkaffee.
Sie werden mit ganz bestimmten Absichten hergestellt. Diese beziehen sich vor allem auf die Wirkungen des Koffeins und der Röstreizstoffe, die bei empfindlichen Menschen unerwünschte Folgen haben.

- Koffein → erhöhter Pulsschlag bis zu anhaltender Schlaflosigkeit
- Röstreizstoffe → Überreizung des Magens bis zu krampfartigen Störungen

Zu den besonderen Kaffee-Erzeugnissen gehören:

Entkoffeinierter Kaffee	• im Vergleich zum Rohkaffee mit 3 % darf dieser höchstens noch 0,08 % Koffein enthalten
	• bevorzugt von Verbrauchern, die einerseits auf das Kaffee-Aroma nicht verzichten wollen, andererseits aber die negativen Auswirkungen des Koffeins vermeiden möchten
Schonkaffee	• er enthält aufgrund eines schonenden Röstverfahrens oder durch Entzug nur geringe Mengen an Röstreizstoffen
	• er ist für magen-, darm- und galleempfindliche Menschen verträglicher
Kaffee-Extraktpulver	• Zu seiner Herstellung werden aus Röstkaffee die Aromastoffe herausgelöst und zu einem leicht löslichen Instant-Produkt aufbereitet
	• trotz des verminderten Kaffee-Genusses wird es von weniger anspruchsvollen Verbrauchern zugunsten einer „schnellen Tasse Kaffee" bevorzugt verwendet
Kaffee-Ersatz	• das sind kaffeeähnliche Erzeugnisse aus stärkehaltigen Ausgangsprodukten
	• Beispiel: Gerste → Malzkaffee

Beachte: Diese Erzeugnisse haben in der Wohlstandsgesellschaft nur noch eine untergeordnete Bedeutung.

3. Zubereiten von Kaffee

Das Handfiltern ist die einfachste Art der Kaffeezubereitung.
Dabei ist zu beachten:
- Das Kaffeepulver im Filter vorerst mit einer geringen Menge des kochendheißen Wassers anbrühen,
- den Rest des Wassers stufenweise in die Mitte des Filters nachgießen.

Bei größerem Kaffeebedarf wird Kaffee heute maschinell zubereitet.

Kaffeemaschinen arbeiten auf unterschiedliche Weise.

Arbeitsweisen	• druckloses Überbrühverfahren
	• Unterdruckverfahren
	• Dampfdruckverfahren (Espresso-Verfahren)

unterschiedliche Bedingungen	• Grad der Röstung und Feinheitsgrad der Mahlung
	• Dosierung und Durchlaufgeschwindigkeit des Brühwassers

Merke: Die Richtlinien der Maschinenhersteller sind unbedingt zu beachten.

Im Hinblick auf eine gute Tasse Kaffee sind wichtige Richtlinien zu beachten.

- Bewährte Marken-Erzeugnisse verwenden,
- dem Bedarf angemessene Mengen einkaufen, um Überlagerungen zu vermeiden (Verlust und Verderb des Aromas),
- den Feinheitsgrad der Körnung auf die Art des Brühverfahrens abstimmen (optimale Auswertung des Aromas),
- die Menge des Kaffeepulvers richtig dosieren,
- frisches (nicht abgestandenes) und kochendheißes Wasser verwenden (95 bis 98 °C),
- dem Bedarf angemessene Kaffeemengen zubereiten (bei längerem Warmhalten werden Farbe, Aroma und Beschaffenheit des Kaffees nachteilig verändert),
- Porzellangeschirr in gut vorgewärmtem Zustand verwenden (aromafreundliche Voraussetzungen).

Menge des Kaffeepulvers	• für eine Tasse	→	6 bis 8 g
	• für ein Kännchen	→	12 bis 16 g

Merke: Für Mokka ist das Gewicht (bei gleicher Wassermenge) zu verdoppeln.

4. Angebotsformen für Kaffee

Kaffee kann auf unterschiedliche Weise angeboten werden.

Kaffee / Mokka
- in Tassen, Kännchen oder aus (Isolier-)Kannen
- mit den Beigaben Kaffeesahne bzw. Dosenmilch, Streu- oder Würfelzucker und Süßstoff
Der Gast bedient sich der Beigaben nach seinen persönlichen Verzehrgewohnheiten: schwarz, mit Sahne, mit Zucker, mit Sahne und Zucker (doppelt stark: Mokka)

Kaffee verkehrt
- Kaffee mit Milch (Café au lait)
  - zur Hälfte heiße Frischmilch
  - Frühstücks-„Café" der Franzosen: ⅔ Kaffee

Café avec	•	Kaffee mit einer Spirituose
		– die Grundausstattung ist wie bei Kaffee
		– die gewählte Spirituose (z. B. Cognac, Cointreau, Cremelikör) wird à part gereicht
Café filtre	•	Aufsatzfilter auf Tasse, sonst wie Kaffee

Espresso	– starker Kaffee aus der Kolbenmaschine, schwarz
	– in kleiner, brauner, dickwandiger Tasse, Mokkalöffel
	– im Prinzip nur mit Streuzucker serviert
Cappuccino	– Espressokaffee (stark, schwarz) in großer Tasse
	– mit Dampf(-Abgabe) aufgeschäumte Milch dazu oder mit Sahnehaube
	– Kakaopulver obenauf
Pharisäer	– in der vorgewärmten Tasse je 1 Kaffeelöffel Zucker und Kakaopulver sowie 2 cl Rum verrühren
	– mit starkem Kaffee auffüllen
	– mit angeschlagener Sahne garnieren
Rüdesheimer Kaffee	– 2 bis 3 Stück Würfelzucker in der Originaltasse, auch als Kleinformat, mit 4 cl angewärmten Asbach übergießen
	– mit einem langen Streichholz entzünden und bei gleichzeitigem Rühren flambieren (langstieliger Löffel)
	– mit heißem, starken Kaffee auffüllen
	– mit geschlagener, vanillierter Sahne bedecken mit Schokoladenraspeln bestreuen
Irish Coffee	– das Originalglas mit heißem Wasser erwärmen und anschließend trockenreiben
	– 1 bis 2 Kaffeelöffel braunen Zucker und 4 cl Irish Whiskey einfüllen und den Zucker durch drehende Bewegung auflösen
	– mit heißem Kaffee auffüllen
	– dickflüssig angeschlagene Sahne über die Wölbung eines Löffels auf die Oberfläche des Kaffees gleiten lassen

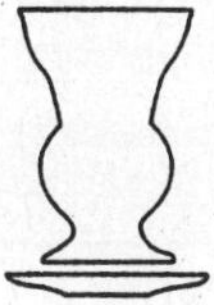

Wenn auch nicht original irisch, aber effektvoll und verkaufsfördernd ist folgende Variante für Irish Coffee. Man verwendet dazu die sogenannte Irish-Coffee-Garnitur, bestehend aus Rechaud, Glashalter und Originalglas.
– Zucker und Whiskey in das Glas geben,
– über dem Rechaud drehend erwärmen, bis die Flamme in das Glas überspringt und den verdampfenden Alkohol entzündet,
– mit Kaffee auffüllen und wie bei der Originalherstellung vollenden.

B. Tee

1. Herkunft des Tees

Tee kommt überwiegend aus den Ländern Asiens.
- Indien mit den bekannten Regionen Darjeeling, Assam und Nilgiri
- Sri Lanka (ehemals Ceylon → Ceylontee)
- Indonesien mit den bekannten Inseln Java und Sumatra
- China, Rußland und Japan

2. Gewinnung des Tees

Tee wird aus den jungen Blättern des Teestrauchs gewonnen.

Man verwendet dazu die ersten 5 Blätter der jungen Austriebe. Die Blattbezeichnungen sind identisch mit den Handelsbezeichnungen der indisch-indonesischen Teesorten.

Bestandteile der Teeblätter:
- Koffein
- Gerbstoffe
- Teeöl

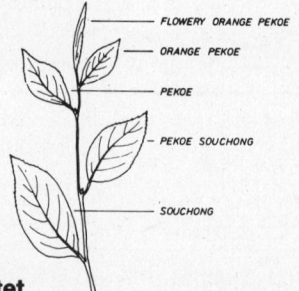

FLOWERY ORANGE PEKOE
ORANGE PEKOE
PEKOE
PEKOE SOUCHONG
SOUCHONG

Tee wird überwiegend als Schwarzer Tee aufbereitet.

Es handelt sich dabei um die ursprüngliche, die sogenannte orthodoxe Methode. Dabei werden zur Aufbereitung der Teeblätter folgende Maßnahmen durchgeführt:

Welken	• die Blätter werden durch das Verdunsten von Wasser geschmeidig (Voraussetzung für die 2. Maßnahme)
Rollen	• Einrollen der Blätter in Spezialmaschinen, wobei die Zellen aufbrechen und der Zellsaft (Chlorophyll) austreten kann (Voraussetzung für die folgende Maßnahme)
Fermentieren	• Ausbildung des Teearomas und der kupferbraunen Farbe (ausgelöst durch rohstoffeigene Wirkstoffe und durch die Einwirkung von Sauerstoff beschleunigt → Oxidation) **Beachte:** Der spätere Teeaufguß ist dunkelfarbig und hat ein ausgewogenes und harmonisches Aroma.
Trocknen	• Haltbarmachen der Blätter durch Abbruch des Fermentationsprozesses (Verhinderung des Faulens)
Sortieren	• Trennung der unterschiedlich großen Stücke in Spezialmaschinen – Blatt-Tee → größte Stücke, sehr selten – Broken → kleinblättriger Tee – Fannings → kleinere Stücke – Dust → Teestaub, feinste Aussiebung

Neben dem Schwarzen Tee bietet der Handel noch zwei Sorten an.

Grüner Tee	• unfermentierter, olivgrüner, gerbstoffreicher Tee
	• Aufguß: zitronengelb, sehr herb, sehr duftig
Oolong-Tee	• halbfermentierter Tee (zwischen Grünem und Schwarzem)
	• Aufguß: leuchtend-rot, hoch aromatisch

3. Handelsbezeichnungen für Tee

Die Handelsbezeichnung gibt Auskunft über

- Herkunft des Tees, z. B.: Assam
- Art des Blattes
  z. B. bei Blatt-Tee (sehr selten und teuer): Orange Pekoe
  z. B. bei zerkleinertem Tee (98 %): Broken Orange Pekoe

Loser Tee, vorwiegend in (aromaschützenden) Dosen

Reine Sorten	• Reinheit bedeutet, daß der Tee (nur) aus einem Anbaugebiet stammt, z. B. Darjeeling
Teemischungen „Blendings"	• zu ihrer Herstellung werden verschiedene Teesorten gemischt, z. B. Ceylonmischung
	• Ziel ist eine gleichbleibende Qualität als Markenartikel und ein über längere Zeit gleichbleibender Preis
Spezial-mischungen (Beispiele)	• „Ostfriesenmischung", kräftig, dunkel, bestehend aus Assam- und Sumatratee
	• „Englische Mischung", würzig, feinherb, bestehend aus Darjeeling-, Assam- und Ceylontee

Teeaufgußbeutel, mit Namen des verarbeitenden Teehauses

Tassenbeutel	• 1,5 g Tee, Fannings und Dust: sehr ergiebig
	• im Haushalt meistens in Porzellantassen (0,15 l)
	• im Gastgewerbe im Teeglas (0,2 l)
Portionsbeutel	• 2,75 g Tee, Fannings und Dust: sehr ergiebig
	• im Porzellankännchen (0,3 l) für 2 Tassen

4. Besondere Tee-Erzeugnisse

entkoffeinierter Tee	• Schwarztee, dem Koffein entzogen wurde • enthält in der Trockenmasse weniger als 0,1 % Koffein

aromatisierter Tee	• Schwarztee, durch Aromen geschmacklich abgewandelt
	  – mit aromagebenden Pflanzenteilen
	  z. B. Jasmin, Rosen, Zimt, Anis, Muskat
	  – mit natürlichen Aromen
	  z. B. Pfefferminz, Veilchen, Zitrone, Orange, Bergamotte
	  – mit naturidentischen Aromen
	  z. B. Whisky, Walnuß, Kiwi, Mango
	  – Rauchtee

teeähnliche Erzeugnisse	• getrocknete, aromatische Pflanzenteile anderer Pflanzen als der des Teestrauches
	  – Maté / Paraguaytee (dem Tee ähnlichstes Erzeugnis)
	  – Kräutertee, besonders aus Pfefferminze, Hagebutten, Kamille, Fenchel, Lindenblüten, Hibiscus („Malve")
	  – Früchtetee, besonders aus Äpfeln
	Beachte: Kräuter- und Früchtetees haben jeweils eine andere Ziehdauer; sonst ist die trinkfertige Zubereitung die gleiche wie bei Schwarztee.

Tee-Extrakte	• wäßriger Auszug aus Schwarztee • warm und kalt voll lösliche Trockenextrakte aus Schwarztee und / oder aus teeähnlichen Erzeugnissen, als Instant im Handel, besonders Zitronentee

5. Lagern und Zubereiten von Tee

Tee ist wie Kaffee ein sehr empfindlicher Aromaträger.
Aus diesem Grunde sind bezüglich der Lagerung wichtige Richtlinien zu beachten.

- Verlust des Aromas → festverschlossene Behältnisse
- Verderb des Aromas → trockene Umgebung
- Überlagerung des Aromas → fern von starkriechenden anderen Lebensmitteln

Für das Zubereiten von Tee sind wichtige Regeln zu beachten.

Sie sind auf die volle Entwicklung des Aromas und auf die Verhinderung negativer Einflüsse ausgerichtet.

- Teekannen nur mit heißem Wasser (ohne Spülmittel) reinigen. Spülmittel schaden dem Tee-Aroma. Der braune Belag, der sich dadurch in der Kanne im Laufe der Zeit bildet, hat keine nachteiligen Auswirkungen.
- Tee-Eier nur für Einzelportionen benutzen, damit die Teeblätter Platz genug haben, um sich ausdehnen zu können.
- Kannen sowie Tassen oder Gläser gut vorwärmen (aromafreundliche Voraussetzung).
- Frisches und sprudelnd heißes Wasser zum Überbrühen verwenden (Entfaltung des Aromas).

Die Dauer des Ziehens richtet sich nach der beabsichtigten Wirkung des Tees.

Dabei kommt dem Koffein und den Gerbstoffen eine besondere Bedeutung zu.

Physiologische Wirkungen	• das Koffein regt den Blutkreislauf und das Nervensystem an • die Gerbstoffe wirken beruhigend auf Magen und Darm
	Beachte: Schwarzer Tee wird bei Störungen im Magen- und Darmbereich empfohlen.
Auswirkungen der Brühdauer	• Tee läßt man im allgemeinen 3 bis 5 Minuten ziehen • Bis 2 Minuten wird überwiegend Koffein ausgelaugt. Der Aufguß hat deshalb eine überwiegend anregende Wirkung. • Nach 2 Minuten gehen in zunehmender Menge Gerbstoffe in den Aufguß über. Die anregende Wirkung nimmt ab und die beruhigende zu.
	Beachte: Die Beziehung der Brühdauer zu den oben aufgezeigten physiologischen Wirkungen!

6. Angebotsformen für Tee und besondere Zubereitungen

Die Zugaben zum Tee entsprechen allgemein üblichen Verzehrgewohnheiten.

Zugaben	• Zucker, vorzugsweise brauner oder Kandiszucker • Milch oder Sahne • Zitrone oder Rum
nicht mögliche Kombinationen	• Milch und Zitrone, weil das Milcheiweiß durch die Säure der Zitrone gerinnt • Milch und Rum, weil beide geschmacklich nicht miteinander harmonieren

| besondere Zubereitungen | • Tee-Grog | – mit Zimt und Nelken aromatisieren
– mit Rum geschmacklich vollenden |
| | • Eis-Tee | – Teeglas 2/3 mit Eiswürfeln füllen
– mit doppelt starkem Tee auffüllen
– Zucker à part reichen |

C. Kakao und Schokolade

1. Gewinnung von Kakao- und Schokoladenpulver

Kakao wird aus den Früchten des Kakaobaumes gewonnen.

Die Kakaofrucht hat eine gurkenähnliche Form. In ihr sind 25 bis 60 Samenkerne eingebettet, aus denen man in den Erzeugerländern den Rohkakao gewinnt.

Bestandteile der Samenkerne:
- Fett, Eiweiß und Kohlenhydrate
- Gerbstoffe und Koffein

Durch den hohen Gehalt an Nährstoffen hat Kakao gegenüber Kaffee und Tee einen erhöhten Energiewert.

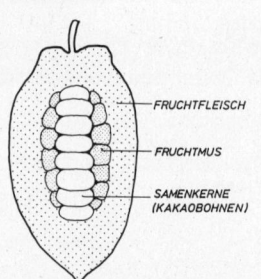

FRUCHTFLEISCH
FRUCHTMUS
SAMENKERNE (KAKAOBOHNEN)

Die Gewinnung des Rohkakaos erfolgt durch die Aufbereitung der Kakaofrüchte.

Fermentieren	• die aus den Früchten herausgenommenen Kerne werden ähnlich wie bei Kaffee und Tee einer Gärung unterzogen
	• nach 6 bis 8 Tagen löst sich das noch anhaftenden Fruchtmus ab und es entwickelt sich das grundlegende Aroma
Trocknen	• der Wassergehalt sinkt bis unter 8 % ab, so daß die Haltbarkeit des Produktes gewährleistet ist

Der Rohkakao wird in die Verbraucherländer exportiert.

Das Herstellen von Kakaopulver ist ein mehrstufiger Arbeitsablauf.

Rösten des Rohkakaos	• es entwickelt sich das endgültige Kakao-Aroma
Mahlen des Röstproduktes	• die grob zerkleinerten Kerne nennt man Kakaobruch
Walzen des Kakaobruchs	• durch Erwärmen und Schmelzen des Fettes entsteht die breiige Kakaomasse
Abpressen des Fettes	• die voneinander getrennten Produkte heißen Kakaobutter (Fett) und Kakaopreßkuchen

Brechen des Preßkuchens	• das stufenweise Zerkleinern sowie das abschließende Mahlen und Sieben ergibt als Endprodukt das Kakaopulver

Je nach der Menge des abgepreßten Fettes erhält man:
- schwach entölten Kakao mit mindestens noch 20 % Fett,
- stark entölten Kakao mit mindestens noch 8 % Fett.

Schokoladenpulver ist ein leicht lösliches Instantprodukt.

Gewinnung	• die Stärke des Kakaopulvers wird mit Hilfe von Wasserdampf aufgeschlossen (verkleistert) und wieder getrocknet • das Produkt wird mit Zucker oder auch zusätzlich mit Milchpulver ergänzt (Milchpulver ermöglicht später das Auflösen in Wasser anstelle von Milch)
Ergebnisse	• aufgrund der aufgeschlossenen Stärke entfällt bei der Herstellung des Getränks das sonst notwendige Kochen • außerdem ist das Auflösen in kaltem Wasser bzw. in kalter Milch möglich

2. Zubereiten und Anrichten von Kakao und Schokolade

Kakao	• Je Tasse benötigt man 10 g, je Liter 60 g Kakaopulver
	  – das Pulver in einen Teil der kalten Milch einrühren
	  – die restliche Milch zum Kochen bringen
	  – den vorbereiteten kalten Ansatz einrühren, das Ganze aufkochen lassen und kurze Zeit durchkochen

Schokolade	• Je Tasse benötigt man 10 bis 12 g Schokoladenpulver • Pulver in die kalte oder heiße Flüssigkeit einrühren und auflösen

Anrichten	• Kakao
	  → Streuzucker ist à part zu reichen
	• Kakao und Schokolade
	  – in Tassen angerichtet; wird mit geschlagener Sahne garniert
	  – in Kännchen angerichtet; Sahne wird in einem Schälchen à part gereicht

Alkoholhaltige Getränke

I. Biologie der Alkoholgewinnung

Für die Bildung des Alkohols im Zusammenhang mit Getränken sind zunächst drei wichtige Tatsachen von Bedeutung:
- **Zucker** ist der grundlegende Rohstoff der Alkoholgewinnung,
- **Hefepilze** können den Zucker vergären,
- **Alkohol** wird durch Vergären von Zucker gewonnen.

Die Natur liefert Zucker in vielerlei Arten, und aufgrund unterschiedlicher Eigenschaften kann nicht jeder Zucker von den Hefepilzen unmittelbar vergoren werden. Durch biologische Umwandlungsprozesse in der Natur können jedoch die zunächst unvergärbaren Zuckerstoffe in Zustandsformen übergeführt werden, in denen sie vergärbar sind.

Durch diese naturwissenschaftlichen Einsichten und Erkenntnisse ist der Mensch in der Lage, die in der Natur vorgezeichneten Abläufe bei der Herstellung alkoholhaltiger Getränke selber einzuleiten und im Sinne seiner beabsichtigten Zwecke zu steuern. Aus diesem Grunde ist es unerläßlich, diese Vorgänge kurz darzustellen und zu erläutern.

A. Arten und Eigenschaften der Zuckerstoffe

1. Arten der Zuckerstoffe

Es werden an dieser Stelle verständlicherweise nur solche Zuckerstoffe angesprochen, die bei der Herstellung alkoholhaltiger Getränke eine Rolle spielen. Die Aufzählung erfolgt außerdem unter dem Gesichtspunkt der „Vergärbarkeit".

Einfache oder Einfachzucker sind Bausteine aus einer einzigen Zuckerart.

Fruchtzucker
- befindet sich:
  - in reiner Form im Obst
  - als Baustein des Rohr- und Rübenzuckers im Zuckerrohr und in der Zuckerrübe

Traubenzucker
- befindet sich:
  - in reiner Form im Obst
  - als Baustein des Rohr- und Rübenzuckers im Zuckerrohr und in der Zuckerrübe
  - als Baustein in der Stärke des Getreides und der Kartoffel

Doppelzucker sind aus zwei Einfachzuckerbausteinen zusammengesetzt.

Rohr- und Rübenzucker
- befindet sich:
  - im Zuckerrohr
  - in der Zuckerrübe
- setzt sich zusammen:
  - aus einem Teil Traubenzucker
  - und einem Teil Fruchtzucker

Beachte: Beide Zuckerarten haben die gleiche chemische Zusammensetzung

Malzzucker	• ist eine Zwischenstufe beim Aufbau der Stärke (siehe dort) • setzt sich zusammen aus zwei Teilen Traubenzucker

Vielfache oder Vielfachzucker sind aus vielen bis sehr vielen Einfachzuckerbausteinen zusammengesetzt.

Stärke	• befindet sich:
	  – im Getreidekorn
	  – in der Kartoffel
		• setzt sich zusammen:
		  – aus sehr vielen Teilen
		    Traubenzucker

Dextrine	• sind Zwischenstufen beim Abbau der Stärke in Malzzucker und Traubenzucker • setzen sich zusammen aus vielen Teilen Traubenzucker

2. Eigenschaften der Zuckerstoffe

Es interessieren uns auch hier nur solche Eigenschaften, die zur Alkoholbildung eine Beziehung haben.

Nicht alle Zuckerstoffe können von den Hefepilzen unmittelbar vergoren werden.

Das hängt mit den unterschiedlichen Eigenschaften der Zuckerstoffe zusammen.

Einfach- und Doppelzucker	• sind in Flüssigkeiten löslich • sind in gelöstem Zustand durch Hefepilze unmittelbar vergärbar

Vielfachzucker	• sind in Flüssigkeiten nicht löslich • sind durch ihren hohen Aufbau (siehe unten) durch Hefepilze nicht unmittelbar vergärbar

Unter welchen Voraussetzungen die Stärke dennoch zur Herstellung alkoholhaltiger Getränke verwendet werden kann, geht aus den folgenden Ausführungen hervor.

B. Bildung und Aufbau des Zuckers im Getreide

1. Bildung des Zuckers

Als Ausgangsstufe bildet das Getreide Traubenzucker.

Der Zuckerbildung im Getreide liegen mehrere Vorgänge zugrunde.

Es handelt sich um Lebensprozesse in der Pflanze.

sie nimmt auf	• mit Hilfe der Blätter
	  aus der Atmosphäre:
	  – Kohlendioxid
	  – Sonnenenergie

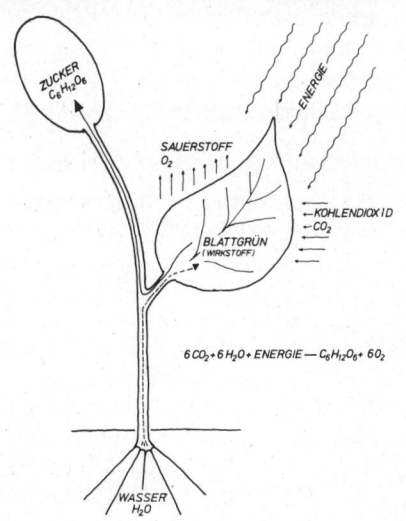

$6 CO_2 + 6 H_2O + ENERGIE \longrightarrow C_6H_{12}O_6 + 6 O_2$

sie bildet	• mit Hilfe der Wurzeln aus der Erde: – Wasser
	• mit Hilfe der zuckeraufbauenden Enzymgruppe[1] „Chlorophyll" (Blattgrün): – Zucker
sie speichert	• mit Hilfe von biochemischen Vorgängen: – Sonnenenergie
	Beachte: Zucker ist Träger von Energie, die von Lebewesen durch Rückwandlungsprozesse (Enzyme[1]) wieder freigemacht werden kann. (Siehe Vergärung des Zuckers durch Hefe.)

Zuckerbildung: Kohlendioxid + Wasser + Energie = Zucker + Sauerstoff

2. Aufbau des Zuckers

Das Getreide bildet nicht nur Zucker, sondern baut ihn auch zu höheren Stufen auf.

3. Zweck des Zuckeraufbaus

Dieser ist in der Natur begründet.

Die Zuckerstoffe werden durch den Aufbau verändert.

Durch zunehmende Abspaltung von Wasser werden sie in steigendem Maße:
- dichter
- trockener
- fester
- unlöslicher bis unlöslich

(siehe Eigenschaften der Zuckerstoffe)

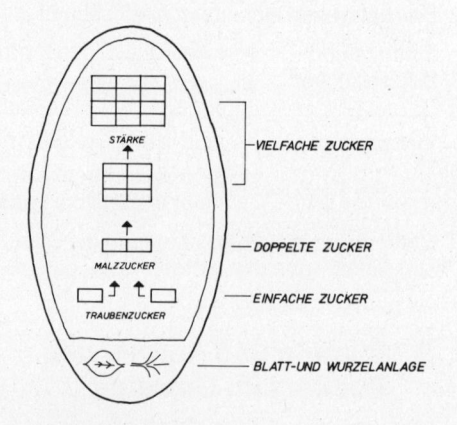

– VIELFACHE ZUCKER
– DOPPELTE ZUCKER
– EINFACHE ZUCKER
– BLATT- UND WURZELANLAGE

STÄRKE
MALZZUCKER
TRAUBENZUCKER

Mit dem Aufbau der Stärke verfolgt die Natur bestimmte Zwecke.

Stärke ist der gesammelte Nährstoffvorrat für den Keim, der zu einer neuen Pflanze auswachsen soll. Der Vorrat wird durch den Aufbau:

- hochkonzentriert: raumsparendes Prinzip der Natur,
- lagerbeständiger: konservierendes Prinzip der Natur.

Während des Keimens wird der Nährstoffvorrat durch den Keim verbraucht, und nachdem Wurzel- und Blattanlagen voll ausgebildet sind, kann die junge Pflanze wieder selbständig Zucker bilden (siehe Zuckerbildung).

---

[1] Enzyme sind nährstoffaufbauende und nährstoffabbauende Wirkstoffe.

C. Abbau des Zuckers im Getreidekorn

1. Abbau des Zuckers

Der Abbau des Zuckers ist im Vergleich zum Aufbau der rückläufige Vorgang. (siehe Skizze)

2. Zweck des Zuckerabbaus

Der Abbau des Zuckers ist von Natur aus notwendig.

Zuckerstoffe dienen neben anderen Nährstoffen zur Erhaltung des Lebens. Hochkonzentrierte Zuckerstoffe müssen aber zum Zweck der Ernährung wieder bis zu den einfachen Stufen abgebaut werden,

- weil sie nur in dieser Form löslich sind,
- weil sie nur in gelöstem Zustand vom Organismus ausgewertet werden können.

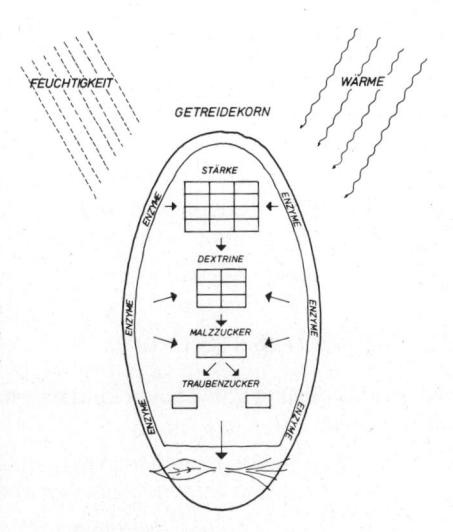

3. Voraussetzungen für den Zuckerabbau

Der Zuckerabbau ist abhängig von Enzymen, Feuchtigkeit und Wärme.

Enzyme oder Fermente	• Wirkstoffe oder Wirkstoffgruppen, die vom lebenden Organismus gebildet werden
	• bauen die Nährstoffe stufenweise bis zu den kleinsten Bausteinen ab
Feuchtigkeit und Wärme	• sind die Voraussetzungen dafür, daß die Enzyme aktiviert werden und ihre natürlichen Funktionen erfüllen (vergleiche das Wachstum im Frühjahr)

Beachte:	Nährstoffabbauende Enzyme finden wir z. B. • in den Samenanlagen der Pflanzen (siehe Getreidekorn), • im Verdauungsorganismus des Menschen und der Tiere.

D. Vergären des Zuckers durch Hefepilze

1. Zucker im Leben der Hefepilze

Zucker liefert den Hefepilzen die lebensnotwendige Energie.

Dabei ergeben sich für die Hefepilze, je nachdem ob Sauerstoff vorhanden ist oder nicht, zwei verschiedene Möglichkeiten der Zuckerauswertung.

mit Sauerstoff
- können die Hefepilze durch Verbrennen des Zuckers die gesamte gespeicherte Energie freimachen
- es bildet sich dabei kein Alkohol

Zucker + Sauerstoff = Kohlendioxid + Wasser + | Energie + Energie |

ohne Sauerstoff
- ist das Verbrennen des Zuckers nicht möglich
- Hefepilze können den Zucker dann aber mit Hilfe von Enzymen ersatzweise vergären
- dabei wird nur ein Teil der Energie freigemacht, während der Rest im Alkohol gebunden bleibt

Zucker + Enzyme = Kohlendioxid + Wasser + | Energie + Alkohol |

2. Vergären des Zuckers

Für die Vergärung von Zucker sind ebenfalls Enzyme, Feuchtigkeit und Wärme notwendig.

Die Zuckervergärung ist von bestimmten Voraussetzungen abhängig, die sich teilweise schon aus den vorangegangenen Abschnitten ergeben.

Zucker
- muß löslich sein
  (Einfach- oder Doppelzucker)
- muß gelöst sein
  (Voraussetzung für die Wirksamkeit der Enzyme)

Enzyme
- müssen durch Wärme aktiviert sein

Die Vergärung des Zuckers ist ein Lebensvorgang der Hefe.

Die Hefe kann alle löslichen Zucker vergären. Die Skizze zeigt es am Beispiel des Malzzuckers.

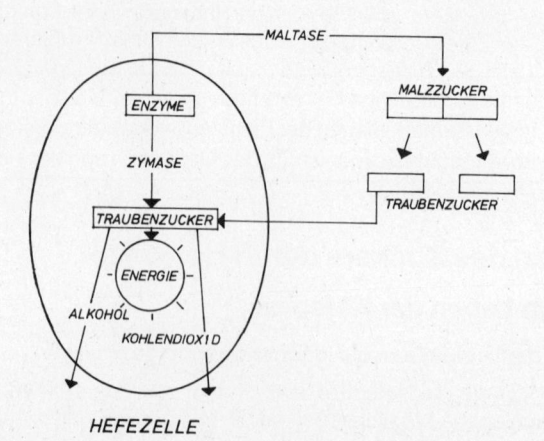

- Das Enzym Maltase passiert die Zellwand in die Flüssigkeit hinein und baut den Malzzucker in Traubenzucker ab.
- Der Traubenzucker kann nun die Zellwand in die Zelle hinein passieren.
- Das Enzym Zymase spaltet den Traubenzucker in die Gärungsprodukte Alkohol und Kohlendioxid.
- Die Gärungsprodukte passieren die Zellwand in die Flüssigkeit hinein.

> Merke: Weil das Endprodukt der Hefegärung Alkohol ist, hat sie die Bezeichnung „alkoholische Gärung".

E. Zuckerumwandlung bei der Getränkeherstellung

Wie bereits am Anfang des Kapitels gesagt, stellt der Mensch die biologischen Vorgänge der Natur bei der Herstellung alkoholischer Getränke in seinen Dienst. Er kann sie je nach seinen Absichten:

- einleiten
- steuern
- unterbrechen
- umleiten

die gelösten löslichen Zucker	• werden direkt vergoren: – bei der Herstellung von Wein aus Traubenmost – bei der Herstellung von Obstbranntweinen aus Obstsäften – bei der Herstellung von Rum aus den Rückständen der Rohr- und Rübenzuckergewinnung
der unlösliche Zucker „Stärke"	• kann nur stufenweise in Alkohol übergeführt werden – Aktivierung der Enzyme – Abbau der Stärke in lösliche Zuckerformen – Vergärung des löslichen Zuckers • dies ist notwendig: – bei der Herstellung von Bier aus Gerste und Weizen – bei der Herstellung von Branntweinen aus Gerste, Weizen, Roggen, Mais und Kartoffeln (Korn, Whisky und andere)

II. Bier

A. Rohstoffe der Bierbereitung

1. Arten der Rohstoffe

Deutsches Bier wird aus Malz, Hopfen, Wasser und Hefe bereitet.

Malz	• ist der grundlegende Rohstoff der Bierbereitung • es wird aus Getreide hergestellt **Beachte:** Für deutsche Biere wird neben Weizenmalz überwiegend das Malz der Gerste verwendet. • der Begriff Malz ist nicht identisch mit Malzzucker, Malz enthält jedoch neben anderen Stoffen auch Malzzucker (siehe weiter unten)

Hopfen	• ist der drüsenreiche Blütenzapfen der Hopfenpflanze
	• zwischen den dichtliegenden Blütenblättern befinden sich:
	  – Hopfenöle
	  – Gerbstoffe
	  – Bitterstoffe

Wasser	• im Rahmen der Bierbereitung wird es Brauwasser genannt • wird meistens aus brauereieigenen Brunnen gewonnen • kann je nach den örtlichen Erdschichten unterschiedliche Mengen mineralischer Stoffe enthalten im Hinblick auf den herzustellenden Biertyp wird es oft durch Zusatz oder Entzug von mineralischen Stoffen aufbereitet **Beachte:** Die Mineralstoffe des Brauwassers beeinflussen die Art des Bieres.

Hefe	• beim Vergären des Bieres werden besondere, geeignete Heferassen verwendet (Bierhefe)
	• es gibt zwei Arten der Bierhefe:
	  – untergärige Hefen, die sich am Ende der Gärung auf dem Boden des Gärgefäßes absetzen (untergärig)
	  – obergärige Hefen, die am Ende der Gärung an die Oberfläche steigen (obergärig)
	   Beachte: Die in Deutschland überwiegend verwendete Heferasse ist die untergärige Hefe.

2. Herstellen von Gerstenmalz

Der Rohstoff Malz wird in der Brauerei hergestellt.

Es handelt sich dabei um die Steuerung biologischer Vorgänge, wobei drei Abschnitte von Bedeutung sind: Weichen, Keimen, Darren.

Weichen	• Gerste wird eingeweicht, damit sich die Körner mit Wasser vollsaugen • Ergebnis ist das Weichgut **Beachte:** Die Aufnahme des Wassers ist eine wichtige Voraussetzung für den zweiten Vorgang, das Keimen.

Keimen	• Weichgut wird auf Tennen ausgebreitet, wiederholt gewendet • Feuchtigkeit, erhöhte Temperatur und Sauerstoff aktivieren die Enzyme, die einen Teil der Stärke abbauen **Beachte:** Sichtbares Zeichen für die aktivierten Enzyme ist das Keimen. • Ergebnis ist das Grünmalz
Darren	• Grünmalz wird auf Horden ausgebreitet und durch Heißluftzufuhr stufenweise gedarrt • Keime vertrocknen und werden entfernt, so daß der weitere Verbrauch von Zucker durch den Keim unterbunden wird **Beachte:** Der Korninhalt ist von Natur aus die Nährstoffgrundlage für den Keim. • Enzyme werden inaktiv, bleiben als Wirkstoff jedoch grundsätzlich erhalten • Ergebnis ist das Darrmalz

> **Merke:** Je nach der Temperatur beim Darren entstehen unterschiedliche Malze:
> - helles Malz
> - dunkles Malz
> - karamelisiertes Malz

3. Einflüsse der Rohstoffe auf das Bier

Das Malz beeinflußt Farbe, Geschmack und Alkoholgehalt des Bieres.
- Helles Malz ergibt helles Bier.
- Dunkles Malz ergibt dunkles Bier.
- Karamelisiertes Malz ergibt Karamelbier oder Malzbier.
- Viel Malz ergibt einen volleren Geschmack und einen höheren Alkoholgehalt.
- Wenig Malz ergibt einen milderen Geschmack und einen niedrigeren Alkoholgehalt.

> **Beachte:** Die Menge des Alkohols wird aber neben der Menge des verwendeten Malzes auch noch von der Art der Brau- und Gärführung beeinflußt.

Hopfen hat neben dem Einfluß auf den Biergeschmack noch andere Wirkungen.
- Hopfen trägt im allgemeinen zur Geschmacksbildung des Bieres bei:
  - viel Hopfen verleiht ihm einen herben bis stark bitteren Geschmack,
  - wenig Hopfen verleiht ihm einen milden, schwach bitteren Geschmack.
- Hopfenbitterstoffe haben darüber hinaus noch besondere Wirkungen:
  - sie erhöhen die Haltbarkeit der Schaumkrone beim Zapfen,
  - sie wirken auf den menschlichen Organismus beruhigend und ermüdend.

Auch das Brauwasser und die Bierhefen beeinflussen die Art des Bieres.

Brauwasser	• seine Auswirkung kommt von den in ihm enthaltenen mineralischen Stoffen: — Stoffe, die sich nicht verändern, wirken unmittelbar auf den Geschmack des Bieres — Stoffe, die sich mit den anderen Bierbestandteilen umwandeln, wirken indirekt auf den Geschmack **Beachte:** Die Art und Intensität der Wirkung kann durch Aufbereitung des Brauwassers gesteuert werden.
Bierhefen	• obergärige Hefen liefern ein Bier, das stark moussiert • untergärige Hefen liefern ein Bier, das sich durch ein verhaltenes Moussieren auszeichnet

B. Herstellen des Bieres

Das Herstellen des Bieres gliedert sich in zwei große Abschnitte:
- das Bereiten der Bierwürze
- das Vergären der Bierwürze

1. Bereiten der Bierwürze

Die Bierwürze wird aus Malz, Hopfen und Wasser bereitet.

Dabei sind folgende arbeitstechnische Abläufe von Bedeutung:

Schroten des Malzes	• durch Zerkleinerung und die damit verbundene Vergrößerung der Oberfläche werden für die nachfolgenden Vorgänge günstige Bedingungen geschaffen. — Angriffsmöglichkeit und Wirksamkeit der Enzyme wird gesteigert — gelöste Stoffe können leichter und intensiver ausgelaugt werden
Maischen des Schrots	• durch Zufuhr von Wasser und gleichzeitiges Erwärmen zwischen 60 und 75 °C werden: — Enzyme erneut aktiviert — noch nicht abgebaute Stärkeanteile in Dextrine und Malzzucker abgebaut — lösbare Stoffe (Traubenzucker, Malzzucker) in der Maische gelöst
Läutern der Würze	• der extraktreiche Saft wird von den festen Schrotbestandteilen getrennt
Kochen der Würze	• in Verbindung mit dem jetzt zugesetzten Hopfen werden: — die Hopfengeschmacksstoffe ausgelaugt

- die Würze auf die gewünschte Konzentration eingedickt
- die groben Schmutzstoffe ausgestoßen

Nach dem Kochen der Würze wird diese im Hopfenseiher von den festen Hopfenteilen getrennt und anschließend auf Gärtemperatur abgekühlt.

Die Würze wird im Hinblick auf das Bier nach wichtigen Gesichtspunkten beurteilt.

- Die fertige Würze enthält in gelöstem Zustand Traubenzucker, Malzzucker, Hopfenbestandteile und Mineralstoffe.
- Die in der Würze gelösten Stoffe werden als Stammwürze bezeichnet.
- Die beim Kochen herbeigeführte Konzentration der Stammwürze wird in %-Sätzen zur Gesamtmenge der Würze angegeben.

Beachte: Die Konzentration der Würze wird beim Kochen bewußt gesteuert, denn sie ist für bestimmte Bierarten ausschlaggebend (siehe weiter unten).

2. Vergären der Bierwürze

Das Vergären der Würze gliedert sich in Haupt- und Nachgärung.

Die grundlegenden Vorgänge der Gärung sind bereits bekannt. Beim Vergären der Bierwürze ergeben sich zusätzliche Besonderheiten.

Hauptgärung
- die Würze wird in offene, große Gärbecken, neuerdings auch in Gärtanks geleitet und die Hefe zugesetzt
- bei der Gärung werden:
  - gelöste Zuckerstoffe bis auf einen kleinen Rest vergoren
  - große und überflüssige Mengen der sich bildenden Kohlensäure ausgetrieben
  - Schmutzstoffe ausgestoßen
- nach beendeter Hauptgärung wird die Hauptmenge der Hefe abgeschieden, ein kleiner Rest verbleibt in der Flüssigkeit

Nachgärung
- erfolgt in jedem Falle in Gärtanks
- dabei ist von Bedeutung:
  - ein weiterer Teil des Zuckers wird langsam vergoren
  - neugebildete Kohlensäure wird im Bier gelöst (man sagt, das Jungbier wird mit Kohlensäure gesättigt)
  - im Bier tritt allmählich Beruhigung und Klarheit ein und der Geschmack harmonisiert sich (man sagt, das Bier reift)

Erst nach völliger Ausreifung wird das Bier in Flaschen, Dosen oder Fässer abgefüllt.

C. Gattungen und Arten der Biere

1. Biergattungen

Ausschlaggebend für die Unterscheidung der Biere nach Gattungen ist der Stammwürzegehalt.

Stammwürze	• das sind die in der Bierwürze gelösten Stoffe, die überwiegend aus Zucker bestehen
	• die Menge ist abhängig von der Menge des verwendeten Malzes
	• die Mengenangabe erfolgt in %
Gattungsbezeichnungen	• laut Gesetz gibt es vier Gattungen, deren Stammwürzegehalt vorgeschrieben ist

        – Bier mit niedrigem Stammwürzegehalt   2 bis 5,5 %

       Beachte: Dieses Bier wird wegen des niedrigen Gehaltes an Stammwürze heute nur noch selten hergestellt.

        – Schankbier   7 bis 8 %
        – Vollbier   11 bis 14 %
        – Starkbier   über 16 %

Merke: Der Stammwürzegehalt des Bieres ist nicht identisch mit dem Alkoholgehalt. Dieser beträgt je nach dem Grad der Vergärung ¼ bis ⅓ des Stammwürzegehaltes.

2. Bierarten

Die Unterscheidung der Biere nach Arten ergibt sich aus der Art der Gärung (ober- oder untergärig).

obergärige Biere	• Bier wurde in Ermangelung von Kühlmöglichkeiten anfangs nur obergärig hergestellt (die Hefen gären zwischen 15 und 18 °C in kürzerer Zeit)
	• durch den raschen Gärverlauf war das Bier nur ungenügend ausgereift und deshalb nur begrenzt lagerfähig
untergärige Biere	• erst mit der Entwicklung der Kühltechnik war es möglich, untergäriges Bier zu brauen (die Hefen gären zwischen 6 und 9 °C in längerer Zeit)
	• durch die längere und bessere Ausreifung war das Bier voller und harmonischer im Geschmack und außerdem lagerbeständiger

Beachte: Obwohl untergärige Biere nach ihrer Entwicklung beliebter waren, haben sich einige obergärige Biersorten bis in die Gegenwart behauptet.

D. Sorten der Biere

Die Sorten der Biere sind Untergliederungen zu den Bierarten.

1. Obergärige Biersorten

Alt	• nach „alter" Tradition hergestellt (Altbier)
	• dunkel, hopfenbetont und malzaromtisch

Kölsch	• regionaltypisches obergäriges Bier aus dem Kölner Raum • hell, hopfenbetont und mildsauer

Weizenbier	• für das in Bayern typische Bier wird ein hoher Weizenanteil und eine niedrige Menge Hopfen verwendet
	• Unterscheidungen sind:
	   – Hefeweizen (das Bier enthält Hefe und ist deshalb naturtrüb)
	   – Kristallweizen (das Bier enthält keine Hefe und ist deshalb klar)
	   – Weizenbock (mit einem Stammwürzegehalt über 16 %)

Berliner Weiße	• hergestellt aus einer Mischung von Gersten- und Weizenmalz • neben Hefen sind an der Gärung Milchsäurebakterien beteiligt • hell, schwach hopfenbitter und mildsäuerlicher Geschmack

2. Untergärige Biersorten

Pils	• hat seinen Namen nach der Stadt Pilsen in der Tschechoslowakei (Ursprung → Pilsener Urquell) • bekanntestes und beliebtes Bier, als Pilsener Typ heute überall in der Welt hergestellt • hell, stark hopfenbetont und schwach malzaromatisch
Export	• bekannt nach der Export-Tradition des Dortmunder Braugewerbes (Dortmunder Typ) • im Vergleich zum Pils goldfarben (blond), schwächer hopfenbitter und malzaromatischer
Märzen Lager	• qualitativ hochwertige bayerische Biere
Rauchbier	• durch das Darren mit Hilfe von Holzfeuer erhält das Malz ein rauchiges Aroma, das sich auf das Bier überträgt

Bock	• Bezeichnung für ein Starkbier, das sich durch einen ausgeprägten malzigen Geschmack und durch einen hohen Alkoholgehalt auszeichnet
	• besondere Bezeichnungen:
	   – Weihnachtsbock, Maibock (besondere jahreszeitliche Erzeugnisse)
	   – Doppelbock (mindestens 18 % Stammwürze)
	   – Eisbock (aromastarke Biere)

E. Pflege des Bieres

1. Negative Einflüsse auf das Bier

Bier ist ein sehr empfindliches Getränk.

- Die Einwirkung von Bakterien, Kälte und Metall können Trübungen hervorrufen und den Geschmack verderben.
- Fremde Gerüche werden in sehr aktiver Weise aufgenommen.
- Lichteinwirkung beeinflußt den Geschmack und die Frische nachteilig.

> **Merke:** Für die Lagerung und den Ausschank des Bieres gibt es Regeln, die sehr gewissenhaft befolgt werden müssen.

Bei Flaschenbier sind vor allem Temperatur- und Lichteinflüsse zu beachten:

Temperatur	• kurzfristig einwirkende klimatische Einflüsse (Wärme und Kälte) können die Biereigenschaften vorübergehend beeinträchtigen
	• durch entsprechende Temperatureinstellung (3 bis 8 °C) kann die optimale Qualität wieder hergestellt werden
Licht	• dunkelgrünes und dunkelbraunes Farbglas der Bierflaschen wirkt grundsätzlich schädlichen Lichteinwirkungen entgegen
	• darüber hinaus muß Flaschenbier aber in dunklen Räumen gelagert werden

2. Pflege des Faßbieres

Faßbier muß rechtzeitig vor dem Anstechen angeliefert werden.

Das Bier wird auf dem Transport sehr stark strapaziert und verliert deshalb vorübergehend die notwendigen Schankeigenschaften.

Kohlensäure	• wird beim Transport aufgerüttelt und im Faß teilweise freigesetzt
	• sie muß sich deshalb wieder beruhigen und im Bier binden, damit dieses – beim Zapfen nicht zu stark treibt – im Glas nicht zu rasch schal wird
Temperatur	• wird beim Transport im Sommer erhöht, so daß das Bier – beim Zapfen zu stark treibt – im Glas rasch schal wird
	• wird beim Transport im Winter erniedrigt, so daß das Bier – beim Zapfen ungenügenden Schaum bildet – möglicherweise Kältetrübungen zeigt (beim Temperieren geht die Trübung wieder zurück)

> **Merke:** Bier sollte nach der Anlieferung 1 bis 2 Tage ruhen, damit es sich auf die erforderlichen Schankeigenschaften einstellen kann.

Faßbier muß in angemessenen Mengen und in angemessen großen Fässern bestellt werden.

zu kleine Mengen	• führen zu übereiltem Anstich, der die oben aufgezeigten nachteiligen Folgen hat
zu große Mengen	• führen zu Überlagerungen, so daß – das Bier möglicherweise schal wird – oder qualitative Einbußen erleidet

Der Bierkeller muß einer ordnungsgemäßen Bierpflege entsprechen.
Nach der Getränkeschankanlagen-Verordnung darf der Bierkeller nur zu Aufbewahrung von Bier dienen. Darüber hinaus sollten beachtet werden:

Hygiene	• zu diesem Zweck muß der Keller folgende Eigenschaften haben: – frei von fremden Gerüchen – gut belüftbar und gelüftet
Ordnung	• Fässer müssen entsprechend der Anlieferung hintereinander eingereiht werden, damit ein folgerichtiger Anstich gewährleistet ist • geleerte Fässer müssen sofort entfernt werden, weil Bierreste im Faß einen guten Nährboden für Bakterien darstellen
Temperatur	• obere Grenze soll 9 °C betragen (Alterung verlangsamen) • untere Grenze soll 3 °C betragen (Trübung verhindern) **Merke:** Wegen der Empfindlichkeit des Bieres sind größere Temperaturschwankungen zu vermeiden.

F. Ausschenken des Bieres

1. Gesetzliche Vorschriften für den Ausschank

Zur Schankanlage gehören wesentliche Teile:
- die Druckleitung von der Kohlensäureflasche zum Faß,
- die Anschlußvorrichtung für das Faß,
- die Bierleitung vom Faß zur Schankstelle,
- die Zapfarmaturen am Buffet.

Gesetzliche Vorschriften regeln den Betrieb der Schankanlage.

Anlage	• erste Inbetriebnahme bedarf der Anzeige bei der Behörde
Reinigung	• Zapfhähne, Schanksäulen, Tropfflächen und Spülbecken müssen täglich mindestens einmal gereinigt werden • Anschlußvorrichtungen nach jedem Gebrauch • Bierleitungen mindestens alle 14 Tage **Merke:** Wegen der leichteren und wirksameren Reinigung sollen Bierleitungen möglichst kurz und windungsarm sein.

Betriebsbuch	• nach jeder Reinigung der Bierleitung sind einzutragen: – Tag der Reinigung – Nummer der gereinigten Leitung – Unterschrift dessen, der die Leitung gereinigt hat	

2. Druckregulierung beim Zapfen

Beim Zapfen kommt der Druckregulierung eine besondere Bedeutung zu.

Dabei sind folgende Druckbezeichnungen zu beachten:

Gleichgewichts- druck	• das ist der Druck, der notwendig ist, damit die Kohlensäure im Bier gebunden bleibt bzw. nicht austreten kann • er beträgt etwa 1 bar	
Überdruck	• das ist der Druck, der nötig ist, um Druckverluste beim Zapfen auszugleichen und um die Beförderung des Bieres zu sichern • er beträgt etwa: – Druckverlust durch Anstechen → 0,10 bar – Sicherheitszuschlag → 0,10 bar – je Meter Förderhöhe → 0,10 bar – je 5 Meter Bierleitung → 0,10 bar	
Betriebsdruck	• ist die Zusammenfassung vom Gleichgewichts- und Überdruck • er darf auch bei Betriebsruhe nicht abgeschaltet werden (andernfalls Unterdruck im System und Kohlensäureaustritt aus dem Bier)	

Berechnungsbeispiel für den Druck:			
	Gleichgewichtsdruck	→	1,00 bar
	↓		
	+ Überdruck – Anstichkörper	→	0,10 bar
	– Förderhöhe 1,2 m	→	0,12 bar
	– Bierleitung 1,5 m	→	0,03 bar
	– Sicherheitszuschlag	→	0,10 bar
	Betriebsdruck	→	1,35 bar

3. Störungen beim Zapfen

Die Ursachen für Zapfstörungen sind vielfältiger Art.

Bier läuft nicht	• Faß oder Kohlensäureflasche leer • Druck- oder Bierleitung nicht angeschlossen • Druck- oder Bierleitungshahn geschlossen • Druck ab- oder zu niedrig eingestellt
Bier läuft trüb	• Lagertemperatur zu hoch oder zu niedrig • Druck zu hoch • Bier überlagert oder zu lange im Anstich • Anlageteile mangelhaft gereinigt

Bier schäumt zu schwach	• Druck oder Temperatur zu niedrig • Spuren von Fett oder Reste von schaumzerstörenden Spülmitteln
Bier schäumt zu stark	• Anstich zu kurz nach der Anlieferung • Druck oder Temperatur zu hoch • Bierleitung durch Knicke verengt • unsachgemäßes Zapfen

4. Einwandfreie Gläser und gepflegtes Service

Nur einwandfreie Gläser und richtiges Zapfen garantieren ein gutes und zufriedenstellendes Glas Bier.

Glas	• auf Sauberkeit kontrollieren
	• ins kalte Wasser tauchen
	  – feinster Staub wird weggespült
	  – Glas wird kalt und naß
	  – Glas läßt sich leichter füllen

Zapfen	• Glas schräg unter den Hahn halten
	  – nicht den Hahn ins Glas halten
	  – es darf kein Schaum an Hahn hängen
	• Bier soll an der Innenseite des Glases einlaufen, nicht hineinplätschern
	  – Kohlensäure würde unnötig entbunden werden
	• Glas so schnell füllen, wie es die Schaumbildung erlaubt
	• beim Auffüllen das Glas senkrecht halten
	• beim Tulpenglas: Tropfenfänger anlegen

Bier verlangt ein einwandfreies und gepflegtes Service.
- das gefüllte Glas sollte stets auf einem Tablett getragen werden
- das Glas wird dem Gast von rechts auf einen sauberen Bieruntersatz gestellt
  - das Emblem des Glases ist dem Gast zugewandt
- das Glas darf ungespült nicht wieder gefüllt werden (Nachfüllverbot)

III. Wein

Die Herstellung von Wein war bereits bei den Assyrern und Ägyptern um 3500 vor Christus bekannt. In der geschichtlichen Entwicklung hat sich der Anbau von Wein schließlich über Griechen und Römer bis in die Regionen an Rhein und Mosel ausgebreitet.

Durch günstige klimatische Verhältnisse bedingt, gibt es heute in Europa ausgedehnte Gebiete, in denen Weine von höchster Qualität erzeugt werden. Neben Deutschland haben insbesondere Frankreich und Italien eine lange Weintradition.

Die Begriffsbestimmung für Wein lautet:

Wein ist ein Getränk, das aus dem Most (bei Weißwein) oder der Maische (bei Rotwein) frischer Weintrauben hergestellt wird und das durch alkoholische Gärung mindestens 5 % vol Alkohol enthält und dessen Kohlensäuredruck 1 bar nicht übersteigt.

A. Herstellung von Wein

Wie bei anderen Getränken, zeigen sich auch beim Wein von Land zu Land abgewandelte Herstellungsverfahren. Die Grundzüge der Weinbereitung sollen hier an den in Deutschland üblichen Methoden erläutert werden.

1. Arten der Weintrauben

Weinrebe, Weintraube und Weinbeere sind Begriffe, die im allgemeinen Sprachgebrauch unterschiedliche Bedeutung haben.

Aus diesem Grunde ist es notwendig, die begrifflichen Inhalte zu klären:

Weinrebe
- im weiteren Sinn ist die ganze Pflanze gemeint

    Beachte: Das Gesetz spricht z. B. von zugelassenen Rebsorten, kurz auch „Reben" genannt.

- im engeren Sinn sind die aus dem Weinstock herauswachsenden Zweige gemeint, an denen sich die Früchte, die Trauben, ausbilden

    Beachte: Die im Herbst abgeernteten „Reben" werden im nächsten Frühjahr bis auf wenige Fruchtreben vom Weinstock abgeschnitten.

Weintraube
- das ist an den Reben wachsende Frucht, bestehend aus dem Stengelgerippe (Rappen) und den daran befindlichen Beeren

Für die Weinbereitung dürfen nur Trauben von geeigneten und zugelassenen Rebsorten verwendet werden.

Die bekanntesten in Deutschland zugelassenen Rebsorten sind:

Weiße Trauben
- Müller-Thurgau, Riesling, Silvaner, Kerner, Scheurebe, Bacchus, Ruländer „(Grauburgunder)", Morio-Muskat, Elbling, Traminer

Rote Trauben
- Spätburgunder, Trollinger, Portugieser, Müllerrebe (Schwarzriesling)

2. Reife und Ernte der Weintrauben

Die Vollreife und die Überreife der Weintrauben sind zwei wichtige Beurteilungsmerkmale.

Vollreife
- Traubenstiele verholzen
- Beeren werden durchscheinend

	• Zuckerstoffe sind ausreichend vorhanden
	• Bukettstoffe sind ausreichend entwickelt
Überreife	• die Beeren werden von Edelpilzen befallen
	• die Beerenhaut wird porös
	• das Wasser verdunstet teilweise
	• die gelösten Stoffe werden zunehmend konzentrierter
	• die Säure wird teilweise abgebaut
	Merke: Überreife bedeutet
	• die Quantität nimmt ab,
	• die Qualität nimmt zu.

Die Termine der Lese (Traubenernte) werden durch die örtlichen Behörden, die einen Leseausschuß bilden, geregelt.

Auf diese Weise ist gewährleistet, daß die Trauben erst dann geerntet werden, wenn sie die notwendige Reife erlangt haben und den allgemein üblichen Qualitätsansprüchen genügen.
Bei der Lese gibt es drei wichtige Termine.

Vorlese	• sie wird im allgemeinen erlaubt
	für einige Rebsorten, die früh reifen und leicht faulen
	• sie wird im besonderen erlaubt
	für alle Rebsorten, wenn ungünstige Witterungsverhältnisse die Ernte gefährden könnten
Hauptlese	• ist der mit Beginn und Ende festgelegte Lesetermin für alle Rebsorten
	– die später als die frühen Rebsorten reifen
	– die gegenüber Fäulnis unempfindlich sind
	Merke: Die Hauptlese ist der die eigentliche Traubenernte umfassende Zeitraum.
Spätlese	• ist ein Lesetermin zugunsten der Qualitätssteigerung, sofern die Trauben
	– zur Zeit der Ernte mindestens in vollreifem Zustand sind
	– nach dem festgelegten Ende der Hauptlese geerntet werden
	Merke: Durch die Spätlese ergibt sich für den Erzeuger ein erhöhter Qualitätsanspruch. Sie ist deshalb meldepflichtig.

3. Traubenmost und seine Bewertung

Der frische Saft der Trauben (Traubenmost) wird durch Mahlen der Trauben und Pressen der Maische gewonnen.

Traubenmühle	• Trauben werden zerkleinert
	• Beeren werden aufgerissen und zerquetscht.

Traubenpresse   • Traubenmost fließt ab
(„Kelter")   • feste Bestandteile bleiben als Trester in der Presse zurück

> Beachte: Um qualitätsmindernde Einflüsse auszuschalten, werden die Stiele (auch Rappen genannt) häufig schon vor dem Pressen mit Hilfe von gabelähnlichen Raffern von der übrigen Maische getrennt.

Zucker und Säure sind wichtige Bestandteile des Traubenmostes.

Zucker
- seine Menge gibt Aufschluß
  - über den zu erwartenden Alkoholgehalt im Wein
  - über die mögliche Restsüße im Wein
- er wird mit Hilfe der Mostwaage ermittelt (Mostwaage: siehe unten)

Säure
- ihre Menge gibt Aufschluß über die verbleibende Restsäure im Wein
- wird mit Hilfe einer chemischen Analyse ermittelt

> Merke:
> - Alkoholgehalt und Restsäure sind für die Haltbarkeit des Weines bestimmend.
> - Restsüße und Restsäure geben dem Wein die grundlegende geschmackliche Harmonie.

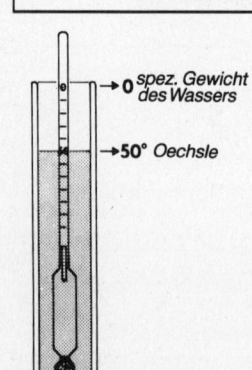

→ 0 *spez. Gewicht des Wassers*
→ 50° *Oechsle*

Die Mostwaage ist eine Erfindung von Ferdinand Oechsle.

Das Prinzip der Waage
- das spezifische Gewicht des Wassers ist 0
- der Zuckergehalt erhöht das spezifische Gewicht des Mostes
- je höher das spezifische Gewicht, desto höher ragt die Spindel aus dem Most heraus

Beachte: An der Oberfläche des Mostes werden die von der Spindel angezeigten Grade abgelesen.

Das Mostgewicht kann auch direkt im Weinberg mit dem Refraktometer gemessen werden:

Der Saft einer Beere wird auf ein Prisma gegeben, das Ergebnis kann an einer eingeblendeten Skala abgelesen werden.

> **Prinzip:** Je lichtundurchlässiger der Most, desto größer die dunkle Fläche (optische Dichte), desto höher ist das Mostgewicht.

4. Vergären des Traubenmostes

Durch das Vergären des Traubenmostes entsteht Wein.
Die Grundlagen der Gärung sind bereits beschrieben. Die folgenden Ausführungen sind lediglich ergänzende Erläuterungen zum Vergären des Traubenmostes.
- die Hefepilze haften an den Beerenhäuten und gelangen beim Auspressen des Saftes mit in den Most hinein,
- der Most wird in Fässer geleitet, und nach einigen Tagen gerät er in Gärung,
- durch die Gärung werden die im Most befindlichen Stoffe verändert.

Zucker	• wird grundsätzlich in Alkohol und Kohlendioxid umgewandelt
	• bei entsprechend hohen Mengen bleibt er teilweise im Wein erhalten (Restsüße)
	Beachte: Wenn der Alkoholgehalt bei der Gärung einen bestimmten Grad erreicht hat, enden die Lebensfunktionen der Hefe. Der zu diesem Zeitpunkt noch vorhandene Zucker wird nicht mehr vergoren.
	Die Alkoholgrenze liegt ungefähr bei 14 %.
Säure	• wird teilweise abgebaut
	• wird teilweise in mildere Säuren umgewandelt
Bukettstoffe	• werden im Verlauf der Gärung
	– vom Traubenbukett
	– über Gärungsbukett
	– zum Weinbukett

Bei Rotwein wird das Herstellungsverfahren an entscheidender Stelle abgewandelt.
- Weißweinherstellung: weiße Trauben werden gemahlen, die Maische gekeltert und dann der Most vergoren → Mostgärung
- Rotweinherstellung: rote Trauben werden entrappt, die Beeren gemahlen, die Maische vergoren und erst dann gekeltert → Maischegärung

Gründe für die Abwandlung	• Farbstoffe der roten Trauben befinden sich in den Beerenhäuten
	• Die Farbstoffe der roten Trauben müssen den Beerenhäuten mit Hilfe des Alkohols entzogen werden.
	Beachte: Beim sofortigen Pressen der Maische gehen nur geringe Mengen roten Farbstoffs in den abfließenden Most über.
Folgen der Abwandlung	• in der gärenden Beerenmaische bildet sich Alkohol
	• der Alkohol entzieht den Beerenhäuten die Farbstoffe
	• die Farbstoffe gehen in den Most über und werden mit abgepreßt

Merke: Rote Trauben, die wie weiße verarbeitet werden, liefern Weine mit schwacher Farbe. Sie heißen deshalb Roséwein oder Weißherbst.

5. Veränderung des Säure- und Zuckergehaltes

Ungünstige Witterungsverhältnisse eines Jahres können Moste und Weine mit unharmonischem Zucker- und Säureverhältnis hervorbringen.

Der Most hat zuwenig Zucker und zuviel Säure. Daraus ergibt sich für den herzustellenden Wein:

- Bei der Gärung bildet sich zuwenig Alkohol, wodurch die Haltbarkeit des Weines beeinträchtigt wird
  (man sagt, der Wein ist nicht selbständig).
- Der Zucker wird bei der Gärung vollständig vergoren
  (man sagt, der Wein hat keine Restsüße).
- Es bleibt im Wein zuviel Säure enthalten, so daß in Verbindung mit dem fehlenden Restzucker der Geschmack beeinträchtigt wird
  (man sagt, der Wein ist unharmonisch).

Zucker- und Säuregehalt dürfen bei der Weinbereitung verändert werden.

Das ist wichtig, damit trotz des unharmonischen Mengenverhältnisses von Zucker und Säure selbständige und harmonisch schmeckende Weine hergestellt werden können.
Das Gesetz erlaubt deshalb grundsätzlich (jedoch nicht für Qualitätsweine mit Prädikat):

- die Erhöhung der Oechslegrade im Most durch Zusatz von Zucker
- die Verminderung des Säuregehaltes durch vorgeschriebene kellertechnische Behandlungsverfahren
  (die Verfahren sind hier ohne Bedeutung).

6. Klären und Verschneiden von Wein

Das trübe Gärprodukt muß geklärt werden.

Bei nachlassender Gärung setzen sich die Trübstoffe auf dem Faßboden ab. Diesen Vorgang bezeichnet man als natürliche Klärung.
Sie reicht nicht aus, um dem Wein völlige Klarheit und leuchtenden Glanz zu verleihen. Aus diesem Grunde ist es notwendig, das Klären im Rahmen der Kellerbehandlung durch technische Eingriffe zu erhöhen und zu vollenden.

Abstechen	• Jungwein wird in bestimmten Zeitabständen in ein neues Faß umgefüllt (abgestochen)
	• auf dem Faßboden abgelagerte Trübstoffe bleiben jeweils im vorhergehenden Faß zurück
Filtern	• vor dem Abfüllen auf Flaschen durchläuft der Wein mehrere, unterschiedliche Filter

Durch Verschneiden können Geschmack und Art des Weines beeinflußt werden.
Verschneiden heißt, verschiedene Weine miteinander zu mischen, um einen harmonischeren oder auch einen besonderen Geschmack zu erzielen.

Es können verschnitten werden:
- Weine mit einseitiger Geschmacksrichtung
- Weine aus unterschiedlichen Rebsorten
- Weine aus verschiedenen Jahrgängen
- Weine von unterschiedlicher geographischer Herkunft

> Beachte:
> - Grundsätzlich gilt, daß Weine über die Landesgrenzen hinaus nicht verschnitten werden dürfen.
> - Bei Verschnitten müssen die namen- und artbestimmenden Anteile 85 % betragen.

B. Deutscher Weinbau

1. Klimatische Voraussetzungen

Die Qualität der deutschen Weine ist sehr stark vom Wetter abhängig.

Allgemeines Klima
- Gute Voraussetzungen für deutschen Wein sind:
  - ein zeitiges und warmes Frühjahr
  - ein heißer und feuchter Sommer
  - ein langer und warmer Herbst

Wetterschutz
- die Weinberge sind durch Höhenzüge gegen rauhe Wettereinwirkungen geschützt:
  - Eifel   – Haardt   – Odenwald
  - Hunsrück   – Steigerwald   – Schwarzwald
  - Taunus   – Spessart   – Sächs. Bergland

Wärme
- günstige Sonneneinstrahlung gegen die Weinhänge
- vorteilhafte Wärmespeicherung
  - durch die Flußtäler
    Rhein, Ahr, Mosel, Nahe, Main, Neckar, Saale, Elbe
  - durch die Böden
    Schiefer, Basalt, Löß, Sand, Muschelkalk

2. Geographische Herkunftsbezeichnungen

Sie stehen in enger Beziehung zur qualitativen Unterscheidung der Weine.

bestimmte Anbaugebiete (Bereiche)
- im deutschen Weinbau gibt es 13 solcher Gebiete
- Bereiche sind geographisch engere Begrenzungen innerhalb eines bestimmten Anbaugebietes

  Merke: Die Bezeichnungen dürfen nicht für Tafelweine verwendet werden.

Weinbaugebiete (Untergebiete)	• diese Bezeichnungen sind für Tafelweine vorgeschrieben • dadurch sollen Verwechslungen mit Qualitätsweinen und Irreführungen ausgeschlossen werden
Landweingebiete	• es sind eigentlich keine Gebietsnamen (siehe Übersicht) • in Verbindung mit dem Wort Landwein wird lediglich auf die geographische Herkunft hingewiesen
Gemeinden (Lagen)	• Gemeinde umfaßt alle Weingrundstücke eines Weinortes (z. B. Rüdesheim, Würzburg) • Lagen sind eine bestimmte Anzahl von Weingrundstücken innerhalb des Grenzbereichs einer Gemeinde (z. B. Rüdesheimer Berg, Würzburger Stein) **Merke:** Beide Bezeichnungen sind als engere Herkunftsbezeichnung nur für Qualitätsweine erlaubt.

Unabhängig von der qualitativen Einordnung der Weine haben die geographischen Herkunftsbezeichnungen noch eine andere Bedeutung. Die Namen bezeichnen Gebietsbegrenzungen, in denen Weine gleicher Art erzeugt werden. Insofern sind sie eine wichtige Orientierungshilfe für den Verbraucher.

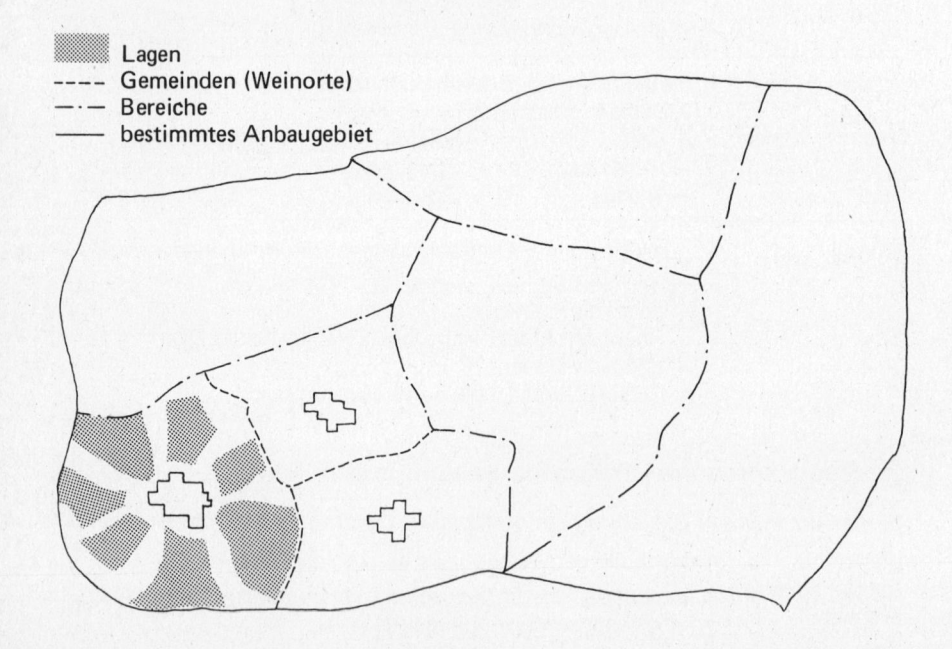

- ▓ Lagen
- ---- Gemeinden (Weinorte)
- —·— Bereiche
- —— bestimmtes Anbaugebiet

3. Gebietseinteilung im deutschen Weinbau

Qualitätsweine b.A.		Tafelweine		Landweine
bestimmte Anbaugebiete	Bereiche	Weinbaugebiete	Untergebiete	Gebiete
Ahr	Walporzheim/Ahrtal	Rhein – Mosel	Rhein	Ahrtaler Landwein
Hessische Bergstraße	Starkenburg Umstadt			Starkenburger Landwein
Mittelrhein	Loreley Siebengebirge			Rheinburgen-Landwein
Nahe	Kreuznach Schloß Böckelheim			Nahegauer Landwein
Rheingau	Johannisberg			Altrheingauer Landwein
Rheinhessen	Bingen Nierstein Wonnegau			Rheinischer Landwein
Rheinpfalz	Südliche Weinstraße Mittelhaardt Deutsche Weinstraße			Pfälzer Landwein
Mosel-Saar-Ruwer	Zell/Mosel Bernkastel Saar-Ruwer Obermosel Moseltor		Mosel	Landwein der Mosel
			Saar	Landwein der Ruwer Landwein der Saar
Franken	Steigerwald Maindreieck Mainviereck Bayerischer Bodensee	Bayern	Main	Fränkischer Landwein
			Donau	Regensburger Landwein
			Lindau	Bayer. Bodensee-Landwein
Württemberg	Remstal – Stuttgart Württembergisches Unterland Kocher-Jagst-Tauber Oberer Neckar Württembergischer Bodensee	Neckar		Schwäbischer Landwein
Baden	Bodensee Markgräflerland Kaiserstuhl Tuniberg Breisgau Ortenau	Oberrhein	Römertor	Südbadischer Landwein
	Badische Bergstraße/ Kraichgau Badisches Frankenland		Burgengau	Unterbadischer Landwein Taubertäler Landwein
Sachsen	Elbetal Elstertal			Sächsischer Landwein
Saale-Unstrut	Seeburg Schloß Neuenburg			Anhaltiner Landwein

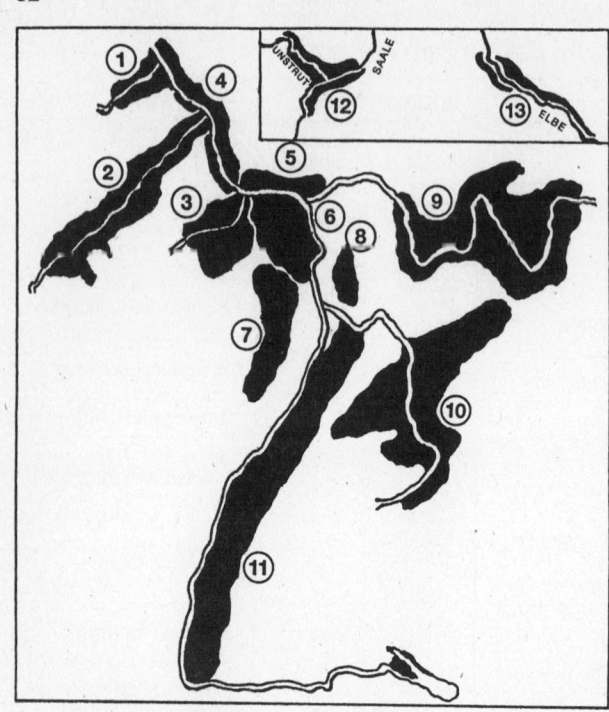

① Ahr
② Mosel-Saar-Ruwer
③ Nahe
④ Mittelrhein
⑤ Rheingau
⑥ Rheinhessen
⑦ Rheinpfalz
⑧ Hess. Bergstraße
⑨ Franken
⑩ Württemberg
⑪ Baden
⑫ Saale-Unstrut
⑬ Sachsen

4. Qualitätsorientierte Erntezeiten und Ernteverfahren

Sie werden angewendet, um eine höhere Qualität des Weines zu erzielen und unterliegen der behördlichen Kontrolle (siehe „Amtliche Prüfung der Weine").

Spätlese	• Trauben müssen in vollreifem Zustand sein • Lese frühestens 7 Tage nach Beginn der Hauptlese
Auslese (Negativauslese)	• Trauben müssen in vollreifem Zustand sein • sie werden aus dem Lesegut im Weinberg ausgelesen • unreife und kranke Beeren werden ausgelesen
Beerenauslese (Positivauslese)	• Beeren müssen edelfaul, mindestens überreif sein • sie werden von den Trauben im Weinberg ausgelesen
Trockenbeerenauslese	• die auszulesenden edelfaulen, mindestens überreifen Beeren müssen bereits weitgehend eingeschrumpft sein
Eiswein	• Trauben müssen mindestens den Reifegrad einer Beerenauslese haben • sie müssen außerdem bei der Ernte und beim Abpressen des Mostes im gefrorenen Zustand sein

5. Besonderheiten der Anbaugebiete

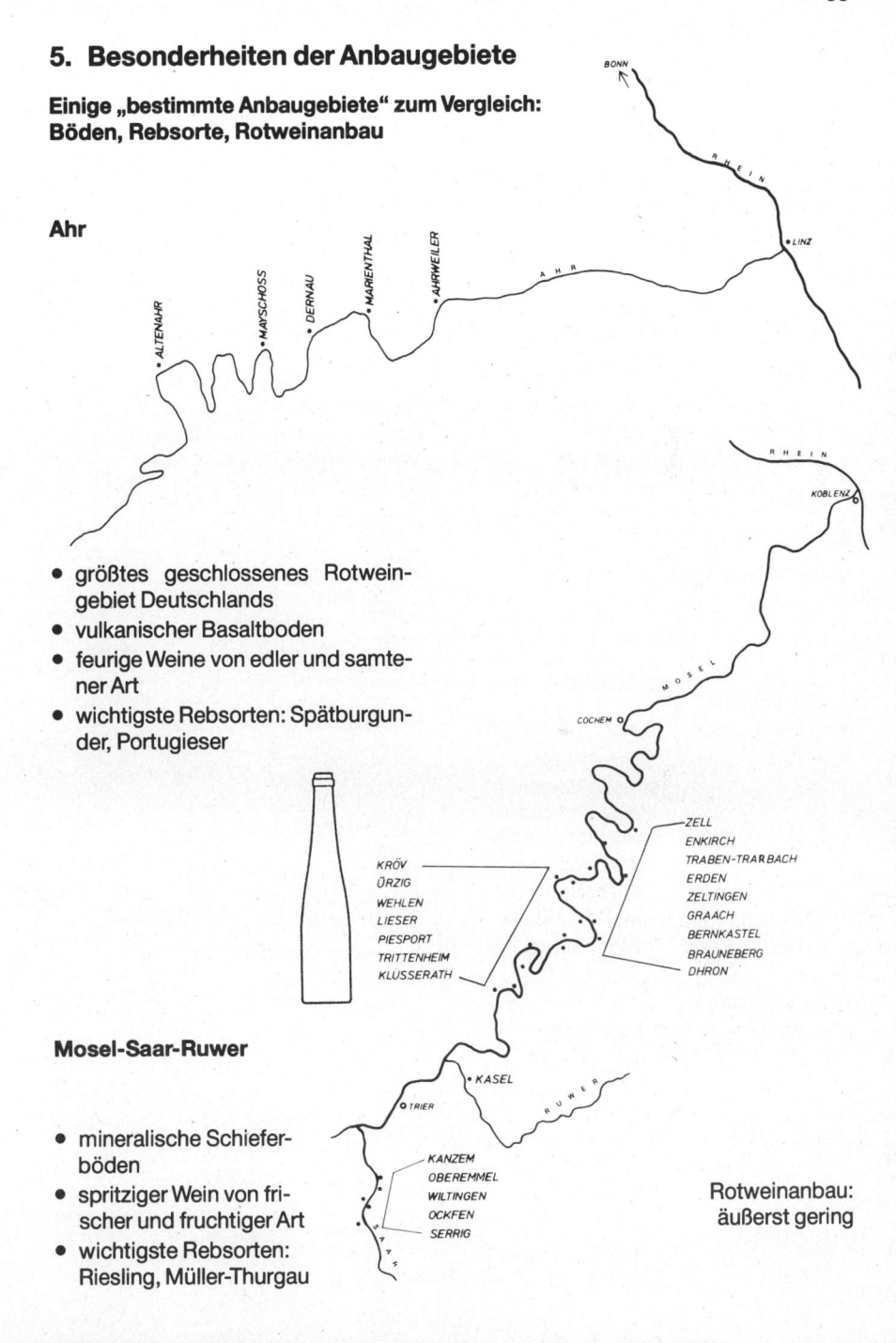

**Einige „bestimmte Anbaugebiete" zum Vergleich:
Böden, Rebsorte, Rotweinanbau**

Ahr

- größtes geschlossenes Rotweingebiet Deutschlands
- vulkanischer Basaltboden
- feurige Weine von edler und samtener Art
- wichtigste Rebsorten: Spätburgunder, Portugieser

Mosel-Saar-Ruwer

- mineralische Schieferböden
- spritziger Wein von frischer und fruchtiger Art
- wichtigste Rebsorten: Riesling, Müller-Thurgau

Rotweinanbau: äußerst gering

Rheingau

Rotweinanbau: Aßmannshausen

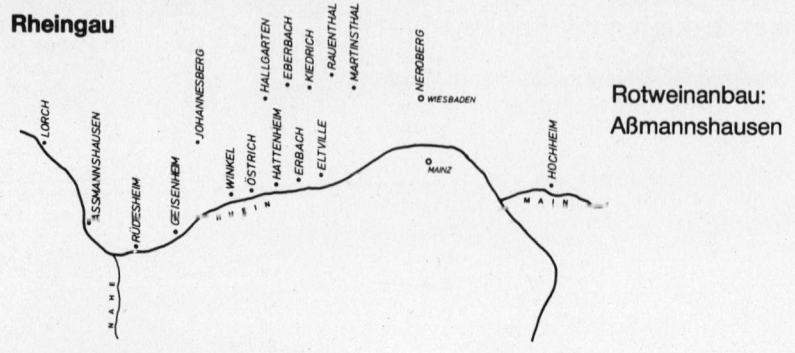

- sonnenbeschienener Südhang
- außergewöhnlicher Wärmespeicher
  – durch den breiten Strom
  – durch den Schieferboden
- harmonische Weine von reifer und eleganter Art
- wichtigste Rebsorten: Riesling, Müller-Thurgau

Rheinhessen und Rheinpfalz

- größtes Konsumweingebiet Deutschlands
- Spitzenweine
  – Rheinhessen: auf der Rheinstrecke zwischen Mainz und Worms
  – Rheinpfalz: zwischen Bad Dürkheim und Neustadt (Mittelhaardt)
- wichtigste Rebsorten: Müller-Thurgau, Riesling, Silvaner

Rotweinanbau:
– in Rheinhessen bei Ingelheim
– in Rheinpfalz bei Bad Dürkheim

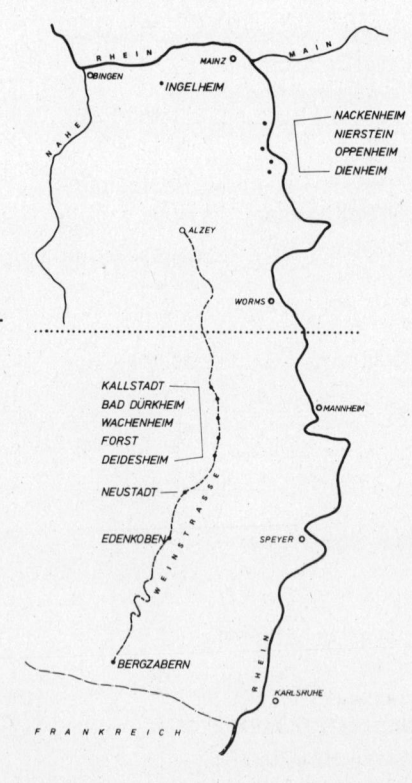

Franken

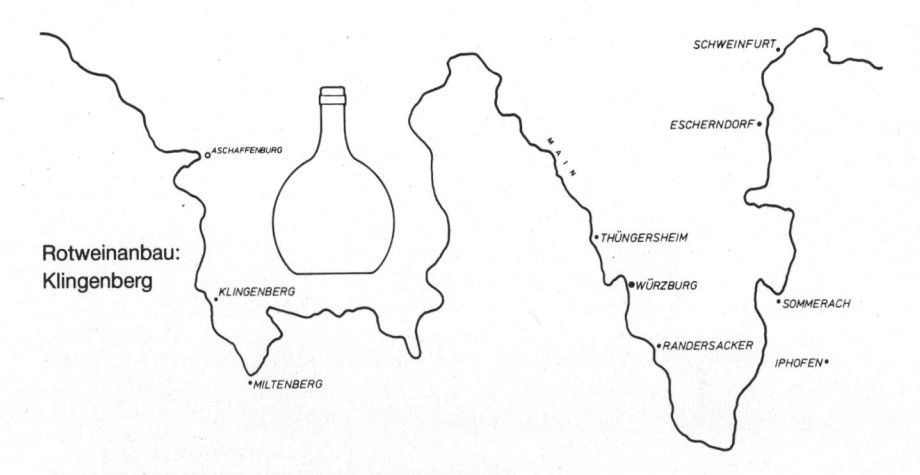

Rotweinanbau: Klingenberg

Map showing: ASCHAFFENBURG, KLINGENBERG, MILTENBERG, SCHWEINFURT, ESCHERNDORF, THÜNGERSHEIM, WÜRZBURG, RANDERSACKER, SOMMERACH, IPHOFEN along the Main.

- Böden aus Muschelkalk und Buntsandstein
- trockene Weine von kräftiger und erdhafter Art (Steinweine)
- fränkische Qualitätsweine werden in Bocksbeutelflaschen abgefüllt
- wichtigste Rebsorten: Müller-Thurgau, Silvaner

C. Deutsche Weine

1. Arten und Geschmacksnoten deutscher Weine

Das Weingesetz nennt 5 grundlegende Weinarten sowie 3 Abarten.

Weißwein	• weiße Trauben, nach den Weißweinverfahren verarbeitet • der Gesetzgeber spricht von „Mostgärung" und „hellgekeltertem Most"
Rotwein	• rote Trauben, nach dem Rotweinverfahren verarbeitet • der Gesetzgeber spricht von „Maischegärung" und „rotgekeltertem Most"
Rosé-wein	• rote Trauben, nach dem Weißweinverfahren verarbeitet • geringe Mengen der roten Farbe ergeben einen roséfarbenen Wein
Rotling	• rote und weiße Trauben gemischt, Weißweinverfahren • die Farbe ist blaß- bis hellrot
Perlwein	• weiße oder rote Trauben, Weiß- oder Rotweinverfahren • der Wein enthält natürliche Gärungskohlensäure oder auch zugesetzte Kohlensäure und muß beim Ausschenken sichtbar perlen

Für Qualitätsweine gibt es Abarten von Roséwein und Rotling.

von Roséwein
- Weißherbst
  - nur in den Anbaugebieten Ahr, Baden, Franken, Rheingau, Rheinhessen, Rheinpfalz, Württemberg
  - nur mit Rebsortenangabe einer einzigen Rebsorte

von Rotling
- Schillerwein
  - nur in den Anbaugebieten Württemberg, Saale-Unstrut, Sachsen
- Badisch Rotgold
  - nur im Anbaugebiet Baden
  - nur aus den Rebsorten Spät- und Grauburgunder

Die Geschmacksrichtungen beziehen sich auf den Restzuckergehalt bzw. die Restsüße.

Geschmacksrichtung	Restzucker im Wein	Farbe des Deutschen Weinsiegels
trocken	bis 9 g je Liter	gelb
halbtrocken	bis 18 g je Liter	grün
lieblich	bis 45 g je Liter	rot
süß	über 45 g je Liter	rot

2. Güteklassen der deutschen Weine

Das deutsche Weingesetz nennt 4 Güteklassen für Weine.

Tafelwein
- Bezeichnung für die unterste Güteklasse der Weine, die keiner amtlichen Prüfung unterzogen werden
- je nach Herkunft des Lesegutes gibt es unterschiedliche Bezeichnungen
  - Tafelwein „Verschnitt von Weinen aus mehreren Ländern der Europäischen Gemeinschaft"
  - Deutscher Tafelwein (überregionaler Verschnitt deutscher Weine)
  - Tafelwein mit Angabe eines Weinbaugebietes und Untergebietes

Landwein
- Bezeichnung für die oberste Bewertungsstufe der Tafelweine
  - erlaubte Herkunftsbezeichnungen: Landweingebiet, Bereich
  - Weine mit regional- und sortentypischen Eigenschaften
  - nur in den Geschmacksrichtungen trocken und halbtrocken

Qualitätswein bestimmter Anbaugebiete
- Bezeichnung für Weine der mittleren Güteklasse
  - erlaubte Herkunftsbezeichnungen: bestimmtes Anbaugebiet, Bereich, Großlage, Einzellage
  - amtliche Prüfung der Güte vorgeschrieben

Qualitätswein • Bezeichnung der Weine der obersten Güteklasse
mit Prädikat • erlaubte Herkunftsbezeichnungen: wie Q. b. A.
• amtliche Prüfung der Güte

Prädikate	Mindestanforderungen	
	Mostgewicht	Alkohol im Wein
• Kabinett	9,5	7
• Spätlese	11,5	7
• Auslese	13	7
• Beerenauslese	16,5	5,5
• Eiswein	16,5	5,5
• Trockenbeerenauslese	21,5	5,5

3. Amtliche Prüfung der Weine

Die Prüfung beginnt mit der Ernte der Trauben und endet mit der Beurteilung des fertigen Weines. Sie gliedert sich in folgende Abschnitte:

Leseprüfung
- geprüft wird insbesondere Erntemenge, Mostgewicht, vorgesehene Qualität

Das positive Ergebnis ist Voraussetzung für die nächste Prüfung.

Analysen-
prüfung
- der fertige Wein wird im Labor analysiert
- folgende Inhaltsstoffe werden mengenmäßig überprüft:
  - Alkohol und Extraktstoffe
  - Zucker und Säure

Das positive Ergebnis ist Voraussetzung für die abschließende Beurteilung und Bewertung.

Sinnenprüfung
- sensorische Vorbedingungen:
  - der Wein muß klar sein
  - er muß für die Antragspunkte bezüglich Farbe, Rebsorte, Prädikat sowie für das bestimmte Anbaugebiet bzw. den Bereich typisch sein
- abschließende Prüfmerkmale sind Geruch, Geschmack und Harmonie

Beachte: Harmonie ist die Zusammenfassung der sensorischen Vorbedingungen sowie des Geruchs und des Geschmacks.

Hat der Wein die Prüfung bestanden, erhält er eine „Amtliche Prüfungsnummer", die auch auf dem Flaschenetikett stehen muß.

D. Außerdeutsche europäische Weine

1. Französische Weine

Frankreich ist ein Weinland mit großen Mengenerträgen und hervorragenden, vor allem roten Weinen. Die bekanntesten Gebiete sind Bordeaux, Burgund, Côtes du Rhône, Provence, Languedoc-Roussillon, Loire und Elsaß.
In Verbindung mit Wein sind außerdem zu nennen:
- Champagne wegen ihrer hochwertigen Schaumweine (Champagner),
- Cognac und Armagnac wegen der gleichnamigen hochwertigen Weinbrände.

Bei den französischen Weinen gibt es 4 Güteklassen.

Vin de table	• Tafelwein
Vin de pays	• Landwein
Vin délimité de qualité superieure V. D. Q. S.	• Wein bestimmter Anbaugebiete (delimiter = abgrenzen) mit hoher Qualität • zweite Güteklasse
Appellation d'origine contrôlée A.O.C.	• Wein mit kontrollierter Herkunftsbezeichnung in Verbindung mit der Angabe eines Anbaugebietes, eines Bereichs, einer Gemeinde oder einer Lage • es handelt sich um Spitzenweine der ersten Güteklasse

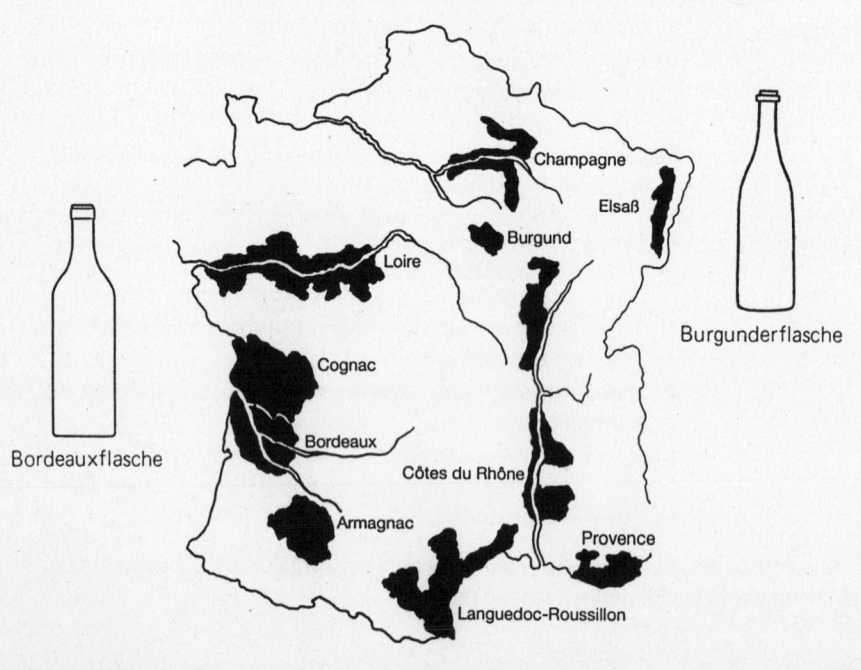

Bordeauxflasche

Burgunderflasche

Champagne
Elsaß
Burgund
Loire
Cognac
Bordeaux
Côtes du Rhône
Armagnac
Provence
Languedoc-Roussillon

Neben ganz großen Spitzenerzeugnissen gibt es Weinbezeichnungen mit langer Tradition.

Elsaß	• trockene und fruchtige Weißweine, den deutschen ähnlich • Zwicker ist ein Weinverschnitt, Edelzwicker ein Verschnitt aus Qualitätsweinen

Burgund	• Chablis, ein trockener und fruchtiger Weißwein, bevorzugt zu Fisch und Austern getrunken (Austernwein)
	• Beaujolais, ein frischer roter Wein, der jung am besten schmeckt
	  – Beaujolais Primeur ab Mitte November des Erntejahres
	  – Beaujolais Nouveau ab 15. Dezember

Rhône	• allgemeine Herkunftsbezeichnung „Côte du Rhône" • Chateauneuf du Pape, Wein aus der Umgebung von Avignon
Bordeaux	• Médoc liefert die besten Rotweine der Welt • Sauternes, sehr bekannte Weißweine, die in den Spitzenqualitäten Ähnlichkeit mit deutschen Trockenauslesen haben

Die Gebietsbezeichnungen im Weinbaugebiet Burgund

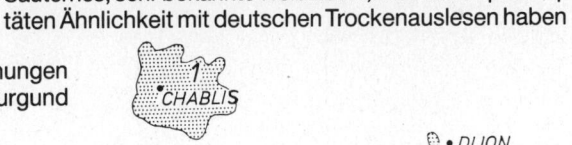

1 CHABLIS
2 CÔTE D'OR
   o CÔTE DE NUITS
   o CÔTE DE BEAUNE
3 CHALONNAIS
4 MÂCONNAIS
5 BEAUJOLAIS

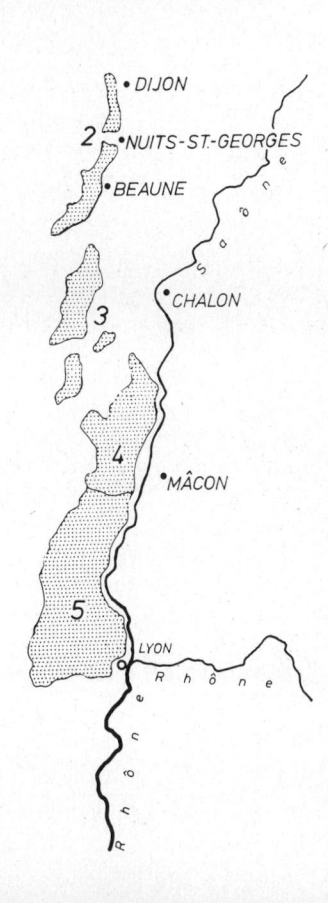

Die Gebietsbezeichnungen im Weinbaugebiet Bordeaux

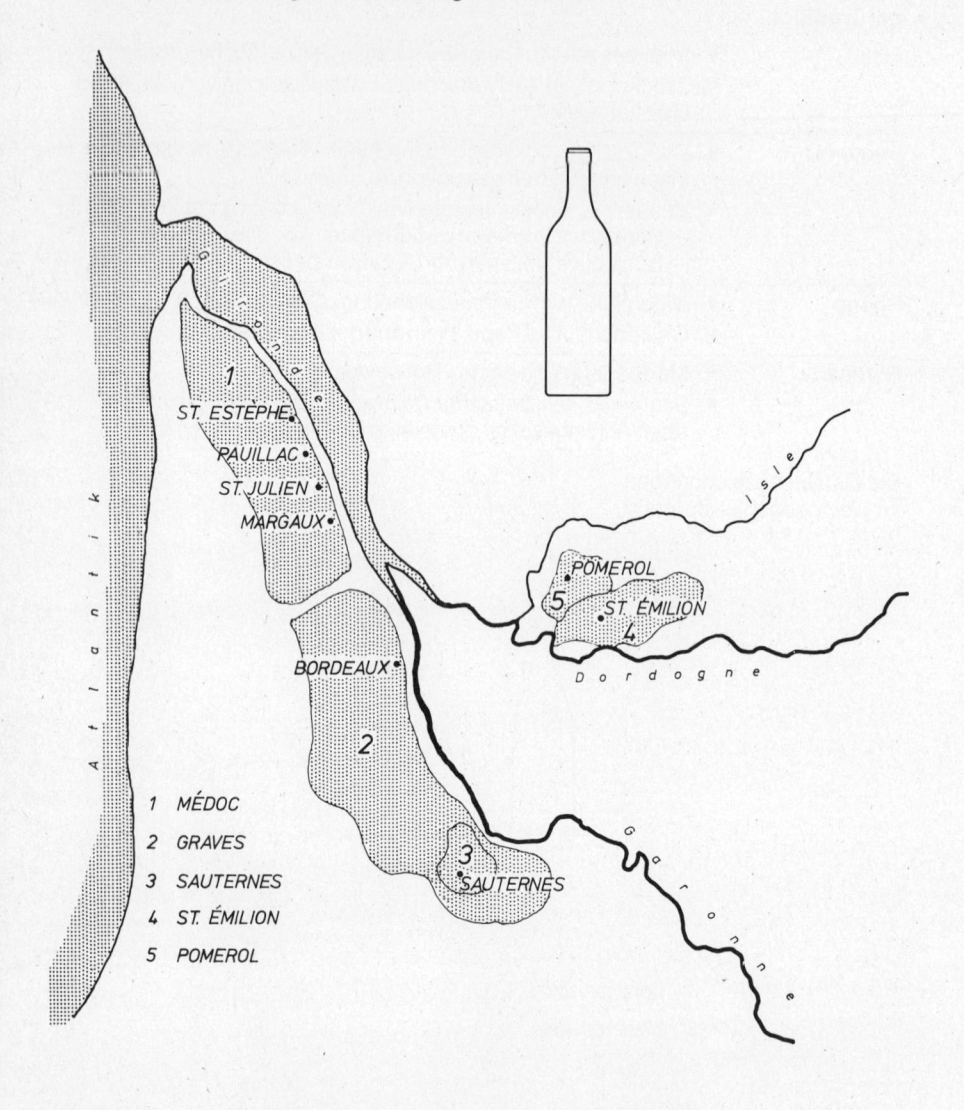

1 MÉDOC
2 GRAVES
3 SAUTERNES
4 ST. ÉMILION
5 POMEROL

Orte: ST. ESTÈPHE, PAUILLAC, ST. JULIEN, MARGAUX, BORDEAUX, SAUTERNES, POMEROL, ST. ÉMILION

Gewässer: Atlantik, Gironde, Isle, Dordogne, Garonne

Bordeaux liefert qualitativ hochwertige Rot- und Weißweine von besonderer Art.

Gebietsnamen
- Médoc
- Graves
- Sauternes
- Saint Émilion
- Pomerol

2. Italienische Weine

Regionen	Weine	Merkmale
1 Südtirol	– Kalterer See	– hellrot
2 Piemont	– Barolo	– granatrot bis orangefarben
3 Lombardei/Venetien	– Valpolicella – Bardolino – Soave	– kirschrot – granatrot – weiß
4 Emilia-Romagna	– Lambrusco	– rot, leicht süß – leicht schäumend
5 Toskana	– Chianti	– rot
6 Umbrien	– Orvieto	– blaßgold
7 Latium	– Frascati	– goldfarben
8 Campanien	– Lacrimae Christi	– goldfarben und rot
9 Sizilien	– Marsala	– bernsteinfarben bis nußbraun

Güteklassen der italienischen Weine

Denominazione di origine controlata e garantita	• erste Qualitätsstufe für Weine mit kontrollierter und garantierter Herkunft
Denominazione di origine controllata	• zweite Qualitätsstufe für Weine mit kontrollierter Herkunft
Vino da Tavola	• dritte Qualitätsstufe: Tafelwein

3. Österreichische und ungarische Weine

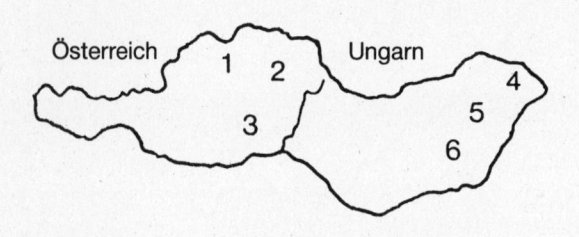

Österreich — 1, 2, 3
Ungarn — 4, 5, 6

1 Kremser
2 Gumpoldskirchner
3 Ruster
4 Tokajer (bernsteinfarben)
5 Erlauer (tiefdunkel)
6 Plattenseer (goldfarben)

österreichische Weine	• überwiegend Weißwein • starke Ähnlichkeit mit deutschen Weinen • Produktbezeichnungen nach den gleichnamigen Städten Krems, Gumpoldskirchen und Rust
ungarische Weine	• die Produkte sind nach den Städten Tokaj und Erlau sowie nach dem Plattensee benannt

E. Servieren von Wein

1. Weinkarte

Die Weinkarte informiert den Gast über das Weinangebot.

Gliederung des Angebotes	• aus deutscher Sicht ist folgende Reihenfolge üblich:
	– Offene Weine vor Flaschenweinen
	  (sofern sie nicht Bestandteil einer allgemeinen Getränkekarte sind)
	– Deutsche Weine vor ausländischen Weinen
	  (nach Anbaugebieten gegliedert, wobei für die Reihenfolge der Standort des Betriebes ausschlaggebend sein kann)
	– Französische Weine vor anderen ausländischen Weinen

Merke: Bezüglich der Art der Weine ist folgende Reihenfolge üblich:
Weißwein → Rotwein → Roséwein

Gliederung der Weinkarte

Weinkarte	Franken	Französische Weißweine	Italienische Weine
		Elsaß	Umbrien, weiß
Deutsche Weißweine	**Deutsche Rotweine**		
Mosel-Saar-Ruwer	Ahr	Burgund	Toskana, rot
Rheingau	Rheingau		
		Bordeaux	Piemont, rot
Rheinhessen	Baden		
Rheinpfalz		**Französische Rotweine**	**Spanische Weine**
	Württemberg	Burgund	
Nahe	**Deutsche Roséweine**		
Baden	Rheinpfalz	Bordeaux	**Sekt**
Württemberg	Baden	Côte du Rhône	**Champagner**

2. Weinetikett

Das Weinetikett enthält wichtige Angaben über den Wein.

Dabei ist zwischen Pflichtangaben und zusätzlich erlaubten Angaben zu unterscheiden. Unterschiede ergeben sich außerdem in Beziehung zu den Güteklassen.

Angaben	Qualitätswein best. Anbaugebiete	Qualitätswein mit Prädikat	Tafelwein	Landwein
Pflicht-angaben	– Qualitätswein – das bestimmte Anbaugebiet – die amtliche Prüfnummer – das Nennvolumen sowie die Angabe des Erzeugers oder des Abfüllers	– Qualitätswein mit Prädikat – das Prädikat	– Deutscher Tafelwein	– Deutscher Tafelwein – die Gebiets-angabe für Landwein
zusätzlich erlaubte Angaben (sofern zu-treffend)	– Rebsorte, Geschmacksnote und Jahrgang – Bereich, Weinart, Lage **Beachte:** Lagen dürfen nur in Verbindung mit dem Weinort genannt werden.		– Weinbau-gebiet oder Untergebiet	– Bereich

Beispiel für ein Weinetikett

Etikett:
- RHEINPFALZ
- 1979
- Buntinger Schloßgärtchen
- Riesling
- trocken
- QUALITÄTSWEIN b.A.
- A.P. Nr. 3 549 321 11 80
- 10 % vol
- Abfüller: Weinkellerei Maier, Buntingen
- 0,75 l

Beschriftung (von oben nach unten):
- bestimmtes Anbaugebiet
- zusätzliche Illustration
- Jahrgang
- Herkunftsbezeichnung
- Rebsorte
- Geschmacksangabe
- Güteklasse
- Amtliche Prüfungsnummer
- Volumenangabe in l
- Erzeuger bzw. Abfüller
- Alkoholgehalt

Unterschiedliche Formen von Weinflaschen

Schlegelflasche — Burgunderflasche — Bordeauxflasche — Bocksbeutelflasche

3. Probieren und Beurteilen von Wein

Bei einer Weinprobe werden die Eigenschaften des Weines festgestellt.

Diese ergeben sich aus den Weinbestandteilen und werden beim Probieren durch Sehen, Riechen und Schmecken ermittelt.

Sehen: Farbe und Klarheit des Weins

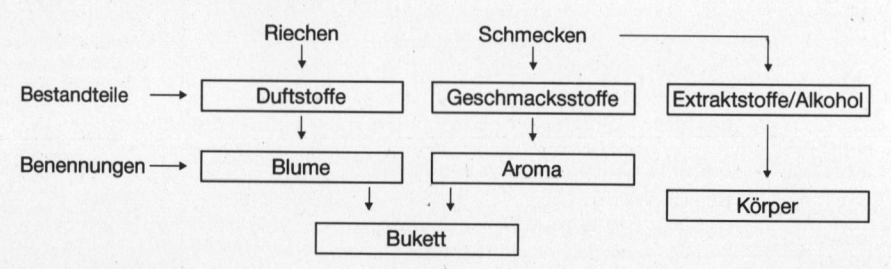

	Riechen	Schmecken	
Bestandteile →	Duftstoffe	Geschmacksstoffe	Extraktstoffe/Alkohol
Benennungen →	Blume	Aroma	Körper

Blume + Aroma → Bukett

Die Beurteilung eines Weines setzt viel Erfahrung voraus.
Auch für das Servierpersonal ist das Probieren und Beurteilen von Wein außerordentlich wichtig, denn daraus erwächst die Befähigung, den Gast sachgerecht und zufriedenstellend zu beraten.

Gegenstand	Benennung	Eigenschaften/Bewertungen	
		positive	negative
	Blume	• duftig, blumig − zart, fein − kräftig, voll	• ausdruckslos • aufdringlich • fremdartig
Geschmack	Aroma	• neutral, fruchtig • würzig, erdig − zart, kräftig − fein, pikant	• schwach • kurz • ausdruckslos • unharmonisch
− Süße		• trocken, halbtrocken • herb, lieblich • süffig, süß	• aufdringlich • pappsüß
− Säure		• frisch, fruchtig • herzhaft, rassig − zart, kräftig − fein, pikant	• matt • sauer • spitz • grasig
Gesamtwirkung	Bukett	• harmonisch, rund • reif, voll • mundig	• unharmonisch • unreif, leer • flach, plump
Alter		• jung, alt • frisch, spritzig • reif, edelfirn	• matt, leer • firn, schal • abgebaut

Beachte:
- Die Eigenschaften der Weine können in unterschiedlicher Kombination und Intensität zusammenwirken.
- Daraus ergibt sich die große Vielfalt der Weine.
- Ihre Beurteilung setzt eine lange Erfahrung und einen geschulten Geschmack voraus.

4. Serviertemperatur für Wein

Der Genuß des Weines ist stark von der richtigen Serviertemperatur abhängig.

grundlegende Kriterien	• der mittlere Temperaturbereich liegt zwischen 12 und 14 °C • Abweichungen nach unten oder nach oben – nach unten für Weine, die vor allem erfrischen sollen und deren Geschmack durch die kühlere Temperatur nicht beeinträchtigt wird (junge, spritzige und leichte Weine) – nach oben für Weine, deren Genuß vor allem von der Entfaltung artspezifischer Duft- und Geschmacksstoffe abhängig ist (alte, volle und schwere Weine)
detaillierte Temperaturbereiche	• Roséwein → 9 bis 11 °C • Weißwein, leicht → 9 bis 11 °C • Weißwein, schwer → 10 bis 12 °C • Rotwein, leicht → 10 bis 14 °C • Rotwein, mittelschwer → 14 bis 16 °C • Rotwein, schwer → 16 bis 18 °C
Merke:	• Die angegebenen Temperaturen sind Richtwerte. • Bei besonderen klimatischen Verhältnissen oder angesichts individueller Verzehrgewohnheiten sind insbesondere bei Rotwein Abweichungen möglich und üblich.

5. Servieren von offenen Weinen

Offene Weine werden am Buffet in Gläser, Karaffen oder Krüge gefüllt.

Besonderheiten	• es handelt sich im allgemeinen um Konsumweine • die Schankgefäße müssen mit einem Füllstrich mit Herstellerzeichen und mit der Angabe der Füllmenge versehen sein. – Gläser → 0,05 l (Likörweinmaß); 0,1 l, 0,2 l, 0,25 l – Karaffen (Krüge) → 0,2 l; 0,25 l; 0,5 l; 1,0 l; 1,5 l; 2,0 l
Beachte:	• Zum Ausschank am Buffet dienen im allgemeinen Römer bzw. Schoppen (geeicht). • In Verbindung mit Karaffen und Krügen (die ihrerseits geeicht sein müssen) wählt man feinere und ungeeichte Gläser.
Servieren	• am Buffet gefüllte Gläser auf einem Tablett tragen und von der rechten Seite des Gastes einsetzen, am Stiel fassend • Karaffen oder Krüge – zusammen mit dem Glas (den Gläsern) auf Tablett tragen – Glas von rechts einsetzen und 1/2 bis 2/3 füllen – Karaffe oder Krug halbrechts oberhalb des Glases abstellen (bei Rotwein auf einem Untersetzer)

6. Servieren von Wein in Flaschen

Bei Flaschenweinservice ist zunächst auf die Serviertemperatur des Weines zu achten.

Servier- temperatur	• die grundlegenden Richtlinien sind aus dem Abschnitt „Serviertemperatur für Wein" bekannt • Weißwein sollte in entsprechenden Kühlschränken vorrätig gehalten werden • Rotwein sollte in Chambrierschränken vorrätig gehalten oder bereits einige Stunden vor Bedarf in einen temperierten Raum gebracht werden

Merke: Kurzfristige rasche Temperaturregulierungen (sowohl nach oben als auch nach unten) sind für den Wein nicht gut und sollten deshalb Ausnahmen sein.

Temperatur-
absenkung
	• u. U. bei Weißwein erforderlich
	• das Frappieren
	  – Sektkühler mit Eiswürfel und Wasser füllen
	  – evtl. Kochsalz hinzufügen (das erhöht den Kühlungseffekt)
	  – Flasche leicht hin- und herbewegen

Temperatur-
erhöhung
	• u. U. bei Rotwein erforderlich
	• das sogenannte Chambrieren kann erfolgen
	  – durch Vorwärmen der Dekantierkaraffe
	  – durch Umlegen der Flasche mit einem gewärmten, feuchten Tuch

Merke: Das rasche Temperieren auf heißen Heizkörpern oder im Wasserbad ist schädlich und sollte deshalb unterbleiben.

7. Servieren von Weißwein in Flaschen

Für das Weinservice am Tisch ist ein Mise en place erforderlich.

Vorbereitungen	• Weingläser einsetzen, wenn nicht bereits eingedeckt
	• auf dem Beistelltisch (Guéridon) bereitstellen
	  – das Kellnerbesteck (Herren tragen es bei sich)
	  – eine Papierserviette
	  – ein kleiner Teller zum Ablegen des Korkens
	  – eine Handserviette (sofern im Kühler serviert wird)
	  – u. U. ein gesondertes Probierglas

Präsentieren der Flasche	• von der rechten Seite des Gastes • die Flasche liegt mit dem Boden auf der linken Hand und wird mit den Fingerspitzen der rechten Hand gehalten

Merke: Der Gast muß das Etikett in Ruhe studieren können.

Das Servieren von Wein in Flaschen erfordert Sorgfalt und handwerkliches Geschick.

Öffnen der Flasche

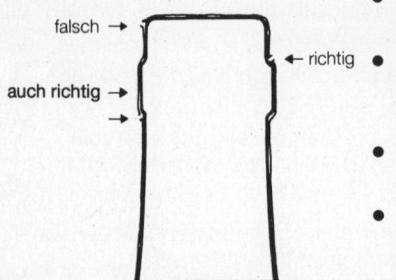

falsch →
← richtig
auch richtig →

- die Kapsel oberhalb oder unterhalb des Wulstes abschneiden und den Deckel abheben
- den Flaschenmund und die Oberfläche des Korkens mit der Papierserviette abwischen
- den Korkenzieher in der Mitte des Korkens ansetzen und genau senkrecht eindrehen
- den Korken mit Hebelkraft langsam herausziehen, die letzten Millimeter durch leichtes Hin- und Herbewegen
- den Flaschenmund mit der Serviette noch einmal abwischen, besonders bei Krümel

Merke:	• Wegen der Korkkrümel, die in den Wein hineinfallen würden, darf der Korken mit dem Korkenzieher weder seitlich zur Flaschenwand hin noch durch die Mitte durchstoßen werden.
	• Beim Herausziehen des Korkens sind ruckartige Bewegungen zu vermeiden, weil sie sich negativ auf den Wein auswirken.

Prüfen und Ablegen des Korkens
- den Korken mit den Fingerspitzen vom Korkenzieher abdrehen, also nicht voll anfassen, und auf dem kleinen Teller ablegen

Merke:	• Der Korken muß dem Gast zur Verfügung stehen.
	• Dieser könnte sich unter anderem auch für den sogenannten Korkbrand interessieren, ein Brandzeichen, das die Originalität des Weines dokumentiert (Name des Abfüllers oder eine Prüfnummer).

Eingießen des Probeschlucks
- der Besteller soll sich von der einwandfreien Beschaffenheit des Weines, besonders von der Temperatur überzeugen können
- eine Ablehnung von seiten des Gastes ist eigentlich nur bei wirklichen Fehlern möglich (z. B. der Wein ist trüb oder hat Korkgeschmack), nicht jedoch, wenn der Gast einen anderen Geschmack erwartet hat.

Beachte:	• Es gibt Betriebe, die bei Nichtgefallen ohne Kommentar einen anderen Wein servieren.
	• Für sie gilt der Grundsatz: Lieber eine Flasche Wein als den Gast verlieren.

Mitprobieren der Bedienung	• das Mitprobieren ist im allgemeinen nicht selbstverständlich • es wird vom Gast nur dann akzeptiert, wenn das Servieren durch einen fachkundigen Sommelier (Weinkellner) oder den Chef persönlich erfolgt

Einschenken des Weines	• nach Zustimmung des Gastgebers wird mit dem Einschenken begonnen
	  – zuerst die übrigen Gäste
	  – zuletzt der Gastgeber
	• im kleineren Kreis werden die Damen vor den Herren bedient, bei größerer Personenzahl (z. B. bei einem Bankett) wird der Reihe nach bedient, um das umständliche und störende Hin und Her zu vermeiden
	• das Einschenken erfolgt von der rechten Seite des Gastes und ist sachgerecht auszuführen
	  – die Flasche von oben mit der Hand umfassen
	  – das Etikett ist links sichtbar
	  Merke: • Sollte ein weiterer Gast das Etikett sehen wollen, kann es ihm leicht gezeigt werden, ohne den Griff zu wechseln.
	  • Eine Handserviette muß benutzt werden, wenn die Flasche einem Sektkühler entnommen wird und deshalb naß ist, so auf jeden Fall beim Sektservice.
	  – die Flasche (den Handrücken nach oben und den Zeigefinger nach vorn gerichtet) langsam über die Glasöffnung absenken und den Wein ruhig, niemals heftig einfließen lassen
	  Merke: Heftiges Eingießen schadet dem Wein.
	  – die Gläser bei leichtem Wein 2/3 bis 3/4, bei schwerem, vollmundigem Wein 1/2 bis 2/3 füllen (große Oberfläche zur Entfaltung des Buketts)
	  – die Flasche rechtzeitig und langsam wieder in die waagrechte Lage bringen und beim endgültigen Aufrichten gleichzeitig leicht nach rechts um die eigene Achse abdrehen
	  Merke: • Der noch in der Flasche befindliche Wein darf nicht ruckartig in die Flasche zurückfallen.
	  • Der letzte Tropfen soll sich am Flaschenmund verteilen, damit er beim Zurückziehen der Flasche nicht auf die Tischdecke fällt; die Serviette (und bei Rotwein die Manschette) fängt den Tropfen auf.

8. Servieren von Rotwein in Flaschen

Beim Servieren von Rotwein sind einige Besonderheiten zu beachten.

Vermeidung von Rotweinflecken	• die Flasche bekommt eine Halsschleife (Manschette aus Papier) • das Glas darf beim Einschenken ausgehoben werden
Rotweine mit Depot	• Rotweine können aufgrund stofflicher Umwandlungen schwebende Stoffe enthalten, die sich in der Flasche als Depot abgesetzt haben • beim Servieren ist deshalb besondere Aufmerksamkeit geboten, damit diese Stoffe nicht aufgewirbelt werden und den Wein trüben

Beachte:
- In einem gepflegten Rotweinkeller befinden sich Flaschenkörbe, mit denen die Flaschen ohne Veränderung ihrer Lage transportiert werden.
- Es ist aber geradezu lächerlich, einen noch lebhaften Beaujolais im Korb zu servieren.

Servieren von Rotwein mit Depot	• die Flasche darf auf dem Weg bis zum Gast nicht aufgerichtet oder heftig bewegt werden
	• beim Präsentieren, Öffnen, Einschenken liegt die Flasche im Korb
	  – vor dem Öffnen den Korb sicherheitshalber vorne mit einem umgedrehten Teller hochlegen
	  – Kapsel in Längsrichtung ganz aufschneiden und abnehmen (Flasche nicht drehen)
	  – den Korken vorsichtig herausziehen
	  – den Korb beim Einschenken zusammen mit der Flasche von oben fest umfassen (nicht am Griff des Korbes)
	  – den letzten Tropfen durch ein betontes Anheben abtropfen lassen
	  – sicherheitshalber den Flaschenmund mit Serviette abtupfen

Rotweine mit Depot werden am besten dekantiert.

Mise en place	• auf dem Guéridon bereitstellen
	  – Kerzenständer mit Kerze
	  – Kellnerbesteck und Papierserviette
	  – die Flasche (noch im Korb liegend)
	  – Dekantierkaraffe, offen

Ablauf des Dekantierens (Umfüllen)	• Präsentieren und Öffnen der Flasche wie oben
	• das Dekantieren wird wie folgt durchgeführt:
	  – Kerze anzünden, sie soll den Hals der Flasche durchleuchten
	  – die Karaffe in der linken, die Flasche in der rechten Hand halten den Wein vor dem Schein der Kerze langsam umfüllen
	  – sobald sich das Depot in den Flaschenhals vorschiebt, das Dekantieren sofort abbrechen

F. Herstellen und Servieren von Schaumwein

Ursprung
- die Anfänge der Schaumweinherstellung liegen in Frankreich (Champagne)
- der Entdecker ist Dom Pérignon, ein Mönch der Benediktinerabtei in Hautvillers
- das von ihm entwickelte Verfahren ist die Flaschengärung, bekannt unter der Bezeichnung Méthode champenoise
- das Produkt heißt Champagner, eine geschützte Herkunftsbezeichnung für die Erzeugnisse aus der Champagne

1. Flaschengärung nach dem Champagnerverfahren

Das Herstellen von Schaumwein ist ein mehrstufiger Ablauf.

Bereiten der Cuvée
- das Ausgangsprodukt für den Schaumwein ist Wein
- der Wein hat als Naturprodukt von Jahr zu Jahr andere Eigenschaften
- im Hinblick auf eine gleichbleibende Art und Qualität werden deshalb für Schaumwein mehrere Grundweine miteinander verschnitten

Merke: Den Weinverschnitt nennt man Cuvée.

Vergären
- Wein ist ein Produkt aus erster Gärung, bei der die gebildete Kohlensäure in die Luft abgegeben wird (stiller Wein)
- Schaumwein enthält als artbestimmenden Bestandteil Kohlensäure (moussierender, schäumender Wein)
- für Schaumwein wird Wein einer zweiten Gärung unterzogen
  - Fülldosage: Zugabe von Hefe und Zucker zur Cuvée
  - als Voraussetzung der zweiten Gärung
  - Feingärung in geschlossenen Flaschen

Merke: Die sich bildende Kohlensäure wird in dem entstehenden Schaumwein gebunden, da sie nicht entweichen kann.

Reifen
- an die Gärung schließt sich das „Lagern auf der Hefe" an (bis zu einem Jahr)
- das Produkt reift, d. h. es entwickeln sich Fülle, Harmonie und das feine Mousseux

Klären
- während der Gärung bildet sich in der Flasche ein trüber, schlammiger Hefesatz
- da der Schaumwein in der Flasche verbleibt, müssen die Trübstoffe entfernt werden

Klären	• zur Klärung, zur Entfernung der Hefe werden die Flaschen
	– in flacher Neigung in die runden Ausbohrungen eines Rüttelpultes eingelegt
	– in regelmäßigen Abständen leicht gerüttelt sowie gleichzeitig etwas um die eigene Achse gedreht und zunehmend steiler aufgerichtet
	• die Trübstoffe gleiten allmählich in den Flaschenhals

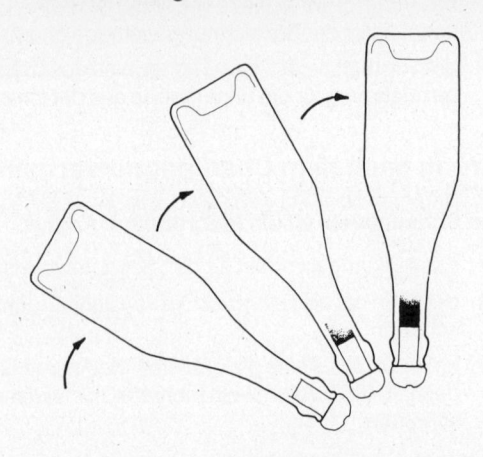

Enthefen „Degorgieren"	• zu diesem Zweck führt man die Flaschen mit dem Hals nach unten durch eine Gefrierwanne
	• die zu einem Eispfropfen erstarrten Trübstoffe werden beim Öffnen der Flasche durch den Kohlensäuredruck ausgestoßen
Auffüllen „Versanddosage"	• dazu dient die ursprüngliche Cuvée, der je nach der gewünschten Geschmacksrichtung Zucker in unterschiedlicher Menge beigegeben wird

Von diesem Tirageliqueur leiten sich folgende Geschmacksbezeichnungen ab:

deutsch	französisch	englisch	Zuckermenge je Liter
extra herb	extra brut	—	0 bis 6 g
herb	brut	—	0 bis 15 g
extra trocken	extra sec	extra dry	12 bis 20 g
trocken	sec	dry	17 bis 35 g
halbtrocken	demi-sec	medium dry	33 bis 50 g
mild	doux	sweet	über 50 g

Verschluß	• die Flaschen werden mit dem endgültigen Pilzstopfen verschlossen und zur Drucksicherung mit einem Drahtkorb („Agraffe") versehen.

2. Andere Verfahren der Schaumweinherstellung

Neben der kostspieligen Champagnermethode gibt es heute vereinfachte Verfahren.

Transvasier-
verfahren
	• auch hier erfolgt das Vergären und Reifen in der Flasche (spezielle Lagerflaschen)
	• das Klären und Enthefen wird jedoch nach einer vereinfachten Methode durchgeführt
	   – Entleeren der Flaschen in einen Großbehälter
	   – Abschmecken des Schaumweins, Klären mit Hilfe von Filtern sowie Wiedereinfüllen in Flaschen (Verkaufsflaschen)
	   (alle Vorgänge werden unter Druck ausgeführt)

Faß- oder-
Tankgärverfahren
	• diese Methode ist eine weitergehende Vereinfachung
	   – Vergären und Reifen in den genannten Großraumbehältern
	   – alle weiteren Vorgänge verlaufen wie beim Transvasierverfahren

3. Bezeichnungen für deutschen Schaumwein

Die Bezeichnungen für Schaumwein sind durch Gesetz geregelt.

Schaumwein	• Erzeugnisse, die nicht amtlich geprüft sind

Qualitäts-
schaumwein
	• Erzeugnisse, die auf Antrag geprüft wurden und wie Qualitätswein eine Amtliche Prüfungsnummer erhalten haben
	   – Kohlensäure nur aus zweiter Gärung (nicht zugesetzt)
	   – Alkohol mindestens 10 % vol
	   – bei Flaschengärung mindestens 9 Monate
	     bei Großraumgärung mindestens 6 Monate gelagert
	   – Kohlensäuredruck mindestens 3,5 bar
	Merke: Qualitätsschaumwein darf als Sekt bezeichnet werden.

Besondere
Produktbe-
zeichnungen
	• Schaumweine werden im allgemeinen aus Weinverschnitten hergestellt
	• die Auswahl bestimmter Weine ist eine qualitätsorientierte Maßnahme und berechtigt zu speziellen Bezeichnungen
	   – Qualitätsschaumwein bestimmter Anbaugebiete
	     (Bedingungen wie bei Q.b.A.-Wein)
	   – Sekt mit Jahrgangsangabe
	     (Weine aus einem bestimmten Jahrgang)
	   – Sekt mit Angabe der Traubensorte
	     (z. B. Rieslingsekt)

Merke: Als Champagner dürfen nur die Schaumweine aus der Champagne bezeichnet werden.

Gegenüberstellung von Flaschengärung und Faßgärung

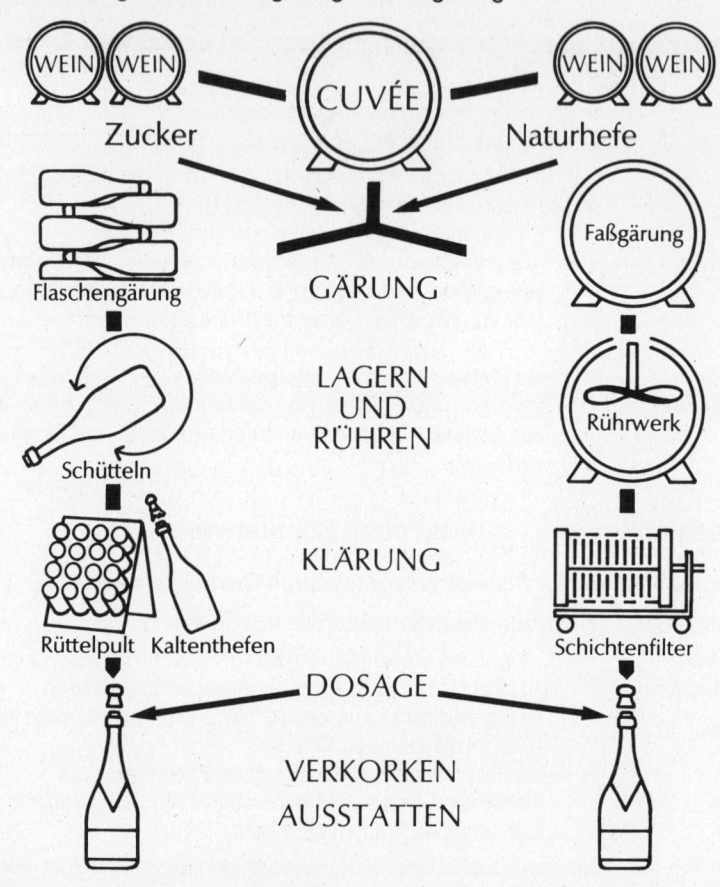

WEIN WEIN — CUVÉE — WEIN WEIN

Zucker   Naturhefe

Flaschengärung   GÄRUNG   Faßgärung

Schütteln   LAGERN UND RÜHREN   Rührwerk

Rüttelpult Kaltenthefen   KLÄRUNG   Schichtenfilter

← DOSAGE →

VERKORKEN
AUSSTATTEN

4. Servieren von Schaumwein

Für das Servieren von Schaumwein sind grundlegende Regeln zu beachten.

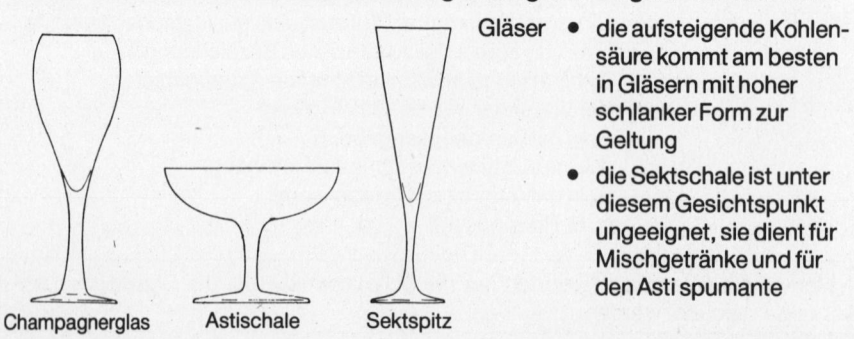

Champagnerglas   Astischale   Sektspitz

Gläser
- die aufsteigende Kohlensäure kommt am besten in Gläsern mit hoher schlanker Form zur Geltung
- die Sektschale ist unter diesem Gesichtspunkt ungeeignet, sie dient für Mischgetränke und für den Asti spumante

Serviertemperatur	• weiß und rosé	→ zwischen 6 und 8 °C
	• rot	→ zwischen 7 und 10 °C
	Merke: Für Schaumwein ist ein Sektkühler unerläßlich.	

Öffnen der Flasche in der Hand	• Flasche aus dem Kühler nehmen
	• am unteren Ende mit einer Serviette umlegen und mit der linken Hand festhalten
	• das Öffnen erfolgt mit der rechten Hand – Stanniolhaube abnehmen – Drahtverschluß lösen und abnehmen (gleichzeitig den Korken mit dem Daumen der linken Hand sichern) – Korken mit der Serviette überdecken, lockern und bei gleichzeitigem Gegendruck langsam herausgleiten lassen
	Merke: • Die Flasche befindet sich beim Öffnen in leicht schräger Stellung, damit das Überschäumen beim Austreten des Korkens vermieden wird. • Den Überdruck geräuscharm entweichen lassen!

Einschenken des Schaumweins	• vorsichtig und langsam (wegen der ersten Schaumbildung)
	• zunächst wenig und dann allmählich das Glas bis höchstens 3/4 auffüllen

Die Flaschengrößen

Nennvolumen in l	handelsübliche Bezeichnung	Name
0,125	⅙-Flasche	Baby
0,2	¼-Flasche	Piccolo
0,375	½-Flasche	Halbe Flasche
0,75	1/1-Flasche	Ganze Flasche
1,5	2/1-Flasche	Magnum
3	4/1-Flasche	Doppelmagnum
Spezialabfüllung		
4,5	6/1-Flasche	Rehoboam
6	8/1-Flasche	Methusalem
9	12/1-Flasche	Salmanasar
12	16/1-Flasche	Balthasar
15	20/1-Flasche	Nebukadnezar

G. Dessertweine, weinähnliche und weinhaltige Getränke

1. Arten und Besonderheiten der Dessertweine

Dessertweine zeichnen sich im Vergleich zu Wein durch besondere Merkmale aus.

Besonderheiten	• intensive Farbe, von gold- über bernsteinfarben bis hin zu rot und dunkelrot • höherer Alkoholgehalt (17 bis 20 % vol) • stärker ausgeprägte Duft- und Geschmacksstoffe
Ursachen	• rosinenartig eingetrocknete Beeren • Zugabe von eingekochtem, konzentriertem Most • Zugabe von Weindestillat (Abbruch der Gärung und Erhaltung von Restsüße) • langes Lagern und Verschneiden verschiedener Jahrgänge
Geschmacksnoten	• neben trockenen, die keine merkliche Süße besitzen, gibt es mit zunehmender Steigerung süße Dessertweine – trockene, insbesondere Sherry und Portwein, eignen sich als Aperitif sowie zum Abschmecken von Suppen und Saucen – süße vermitteln einen besonderen Genuß und dienen zur geschmacklichen Abrundung von Saucen, Süßspeisen und Desserts

Dessertweine kommen aus Ländern mit viel Sonne.

- Portugal → Madeira, Portwein
- Spanien → Sherry, Malaga, Tarragona
- Italien → Marsala
- Ungarn → Tokajer
- Griechenland → Samos

2. Weinähnliche Getränke

Diese Getränke sind dem Wein nur insofern ähnlich, als sie durch Gärung gewonnen werden. Art und Geschmack ergeben sich jedoch aus den jeweils verwendeten Früchten. Zur Unterscheidung von Wein muß deshalb die jeweilige Frucht mitgenannt werden, z. B.

- Apfelwein
- Erdbeerwein
- Brombeerwein
- Johannisbeerwein

3. Weinhaltige Getränke

Das sind Getränke sehr unterschiedlicher Art, zu deren Herstellung Wein oder Schaumwein mitverwendet wird.

Weinhaltige Getränke werden häufig bei Bedarf frisch zubereitet.

Schorle	• artbestimmender Bestandteil ist Weiß-, Rot- oder Apfelwein • das Auffüllen erfolgt mit kohlensäurehaltigem Wasser
Kalte Ente	• bowlenähnliches Getränk mit wahrnehmbarem Zitronenaroma – Schale der Zitrone in Form einer Spirale abschälen und in den Kalte-Ente-Krug hineinhängen – mit fruchtigem Weißwein auffüllen und das Zitronenaroma auslaufen lassen – Zitronenspirale herausnehmen und das Getränk mit Schaumwein vollenden
Bowlen	• Mischgetränke aus Wein, Schaumwein, Zucker und unterschiedlichen Aromaträgern, z. B. Waldmeister, Erdbeeren, frische Ananas, Äpfel, Melone usw. – den Aromaträger mit Weinbrand, etwas Weißwein und Läuterzucker ansetzen und ziehen lassen – mit trockenem Weißwein auffüllen und unmittelbar von dem Servieren mit Schaumwein vollenden
Kullerpfirsich	• namengebender Bestandteil ist ein Pfirsich – die Frucht rundherum mit einer Gabel bis auf den Kern einstechen – in ein großbauchiges Glas einlegen und mit Schaumwein auffüllen **Beachte:** Durch den an den Einstichstellen austretenden Saft wird Kohlensäure frei, die den Pfirsich in eine kullernde Bewegung versetzt.
Glühwein	• alkoholisches Heißgetränk – trockenen Rotwein erhitzen – Zimtstange und Nelken darin auslaugen

Es gibt auch industriell hergestellte weinhaltige Getränke.

Sie kommen mit der Bezeichnung Weinaperitif in den Handel. Der bekannteste Weinaperitif ist Vermouth, den es in vielen Sorten und Marken gibt.

Sorten	• weiß, rot und rosé • sehr trocken, trocken und süß
Marken	• Vermouth di Torino aus den Stammhäusern Martini und Cinzano (Turin) • Noilly Prat, ein trockener französischer Vermouth

IV. Spirituosen

Spirituosen sind Getränke, mit einem Mindestalkoholgehalt von 15 % vol und mit besonderen geschmacklichen und farblichen Eigenschaften:
Sie werden hergestellt durch
- Destillieren vergorener landwirtschaftlicher Erzeugnisse
- Destillieren von in Alkohol eingemaischter landwirtschaftlicher Erzeugnisse
- Aromatisieren von Alkohol

A. Alkohol der Spirituosen

Laut Gesetz ist der Alkohol artbestimmender Bestandteil der Spirituosen.

1. Gewinnung des Alkohols

Ausgangsprodukte sind flüssige Zubereitungen, in denen Alkohol erzeugt wurde (z. B. Wein).

Erzeugen und Gewinnen von Alkohol sind unterschiedliche Vorgänge.

Erzeugen von Alkohol
- das geschieht z. B. bei der Herstellung von Bier und Wein (siehe im Abschnitt „Vergären des Traubenmostes")
- die erzeugte Menge des Alkohols ist zunächst abhängig von der im Ausgangsprodukt enthaltenen Zuckermenge, darüber hinaus von der Funktionsfähigkeit der Hefe

  Merke:
  - Leistungsstarke Hefen können beim Vergären Alkohol bis zu einer Höchstgrenze von etwa 14 % vol erzeugen, denn bei dieser Konzentration enden ihre Lebensfunktionen.
  - Vergorene alkoholhaltige Ausgangsprodukte, die zur Herstellung von Spirituosen bestimmt sind, haben also gegenüber den Spirituosen (z. B. 40 % vol) einen niedrigeren Alkoholgehalt.

Gewinnen von Alkohol
- das geschieht durch Brennen (Destillieren) der alkoholhaltigen Ausgangsprodukte
- dabei wird der Alkohol aus ihnen herausgedampft und gleichzeitig höher konzentriert

  Merke: Alkohol kann bis 98 % vol konzentriert werden (siehe „Die Herstellung von Sprit").

Das Destillieren von alkoholhaltigen Produkten unterscheidet sich vom Destillieren des Wassers.

Wasser	• Ziel ist es, das reine Wasser (H$_2$O) von den „anderen" Stoffen zu trennen (siehe im Abschnitt „Wasser und mineralische Wässer")
	• dabei ist die Erkenntnis wichtig, daß durch die Einwirkung von Wärme „reines Wasser" abgeschieden wird
	Merke: • Wasser siedet bei 100 °C.
	• Der Verdampfungseffekt ist bei dieser Temperatur am höchsten.

alkoholhaltige Produkte	• Ziel des Destillierens ist es, den Alkohol zu gewinnen und höher zu konzentrieren
	• dabei ist die Erkenntnis wichtig, daß Alkohol bereits bei etwa 78 °C siedet
	Merke: Bei Alkohol liegt der höchste Verdampfungseffekt zwischen 78 und 80 °C.

Zusammenfassend kann festgestellt werden:

Bei einer Temperatureinstellung von 78 °C verdampft aus alkoholhaltigen Flüssigkeiten im Verhältnis
— mehr Alkohol
— weniger Wasser.

Im wiedergewonnenen Produkt ist der Alkoholgehalt höher als im Ausgangsprodukt.

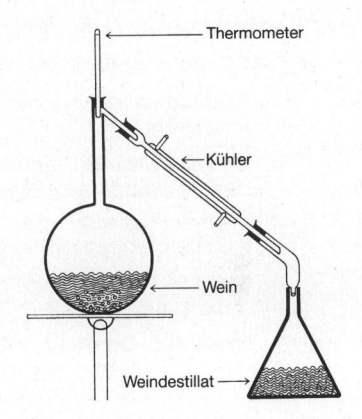

2. Herstellung von Sprit

Sprit ist hochkonzentrierter und hochgereinigter Alkohol.

Er kann aus unterschiedlichen Rohprodukten gewonnen werden. Beim Destillieren erfährt der Alkohol eine Konzentration bis 98 % vol.

Rohprodukte	• vor allem verzuckerte und vergorene Kartoffelmaische (Kartoffelsprit)
	• zur Spritherstellung können aber auch verwendet werden
	— Wein (Weinsprit, Weingeist)
	— Getreidemaischen (Kornsprit)

Sprit wird zu unterschiedlichen Zwecken gebraucht.

Alkoholbestandteil von Spirituosen	• einfache Trinkbranntweine sind Gemische aus Alkohol (z. B. Sprit), Wasser und Aromastoffen • für einfache Liköre verwendet man einen aus Alkohol (z. B. Sprit) und Zucker bereiteten Grundlikör, der mit jeweils artspezifischen Aromastoffen zum Likör vollendet wird

Auslaugen von Aromastoffen	• bei der Spirituosenherstellung werden Aromastoffe in vielfältiger Art verwendet
	  – der jeweilige Aromaträger wird mit Sprit übergossen
	  – dieser laugt die Aromastoffe aus (siehe „Aromastoffe der Spirituosen")
	• zuckerarme Obstsorten werden ebenfalls mit Sprit behandelt
	  – wegen des Mangels an Zucker kann aus ihnen nicht die für die Spirituose notwendige Alkoholmenge gewonnen werden
	  – dieser Mangel wird durch die Zugabe des Sprits ausgeglichen, in den gleichzeitig die Aromastoffe der Früchte übergehen

Kartoffelsprit wird durch die Aufbereitung von Kartoffeln gewonnen.

Die Herstellung der vergorenen Kartoffelmaische ist der erste mehrstufige Abschnitt.

Aufschließen der Stärke	• dieses wird durch die Einwirkung von Wasserdampf und Druck erreicht • dabei wird die Stärke in einen Zustand gebracht, der die anschließende Verzuckerung erleichtert
Verzuckern der Stärke	• in Verbindung mit Wasser gewinnt man die Kartoffelmaische • durch die Zugabe von Darrmalz wird die Stärke in lösliche Zukker umgewandelt **Beachte:** Darrmalz enthält stärkeabbauende Enzyme (siehe „Herstellen von Gerstenmalz").
Vergären der Maische	• durch die Zugabe von Hefe vollzieht sich in der Maische die Umwandlung der gelösten Zuckerstoffe in Alkohol und Kohlendioxid

In einem zweiten Abschnitt geht es darum, den Alkohol zu gewinnen und stufenweise zu konzentrieren.

erste Destillation	• in einem Rohbrenngerät wird der Alkohol aus der Maische abgeschieden • Ergebnis ist der Rauh- oder Rohbrand
weitere Destillationen	• diese werden in einem Rektifiziergerät fortlaufend aneinandergereiht (auch Kolonnenverfahren genannt) • stufenweise erfolgt dabei die Abtrennung vom Wasser und den anderen Stoffen, so daß eine immer stärkere Konzentration des Alkohols erreicht wird

- Ergebnis ist der hochkonzentrierte und hochgereinigte Sprit mit 97 bis 98 % vol Alkohol

Merke: Rektifizieren heißt reinigen (Rektifikation = Reinigung).

B. Aromastoffe der Spirituosen

Die jeweils artbestimmenden Aromastoffe sind wie der Alkohol wertbestimmende Bestandteile der Spirituosen. Zwei grundlegende Stoffgruppen sind dabei zu unterscheiden:
- Aromastoffe, die bei der Herstellung unmittelbar aus einem artspezifischen Ausgangsprodukt in die Spirituose übergehen,
- Aromastoffe, die aus unterschiedlichen Aromaträgern als selbständige Rohstoffe gewonnen und als solche zur Aromatisierung von Spirituosen verwendet werden.

1. Aromastoffe aus artspezifischen Ausgangsprodukten

Die Aromastoffe gehen beim Brennen zusammen mit dem Alkohol in das Destillat über.

Ausgangs-
produkte
- Beispiele
  - Wein
  - Maischen aus Obst und Getreide

Besonderheiten des Destillationsablaufs
- im Gegensatz zum Sprit dürfen diese Destillate nur bis zu einer Alkoholkonzentration zwischen etwa 60 und 80 % vol gebrannt werden
- bei höherer Konzentration würden die leicht flüchtigen Aromastoffe verlorengehen

Merke:
- Die Aromastoffe sind laut Gesetz wertbestimmend.
- Man spricht bei diesen Spirituosen z. B. von einer eindeutigen „Weinnote" oder „Kornnote".

2. Aromastoffe aus besonderen Aromaträgern

Zur Aromatisierung von Spirituosen werden Aromastoffe der verschiedenartigsten Aromaträger verwendet.

- Blüten   — Hopfen, Holunder, Lavendel, Arnika
- Früchte   — Wacholder, Hagebutten, Pflaumen, Walnüsse
- Schalen   — Pomeranzen, Apfelsinen, Zitronen
- Samen   — Kümmel, Anis, Fenchel, Dill
- Wurzeln   — Enzian, Angelika, Ingwer, Nelken, Baldrian
- Rinden   — Chinarinde, Angostura, Zimt
- Kräuter   — Wermut, Rosmarin, Thymian, Salbei, Melisse, Minze

Es gibt drei unterschiedliche Verfahren der Aromagewinnung.

Perkolation	• Durchlaufentzug – der Alkohol läuft durch den Aromaträger hindurch und löst dabei die Aromastoffe heraus	
Mazeration Digestion	• Kaltentzug • Heißentzug – in beiden Fällen wird der Aromaträger mit Alkohol übergossen (aufgesetzt) – die Temperatur sowie die Dauer der Einwirkung richtet sich nach dem Grad der Löslichkeit der Aromastoffe	

C. Spirituosen

Der Ursprung dieser Getränke reicht zurück bis in jene Zeit, in der man mit dem Brennen von Wein begann. Das Ergebnis nannte man „gebrannter Wein".

Aus diesem Grunde war Branntwein ein Oberbegriff für alle Erzeugnisse (Spirituosen), die durch Brennen (Destillieren) gewonnen wurden.

Heute ist „Branntwein" nur eine Spirituose aus Wein.

1. Grundlegende Arten der Spirituosen

Die Artenbezeichnung für Spirituosen ergibt sich aus den verwendeten Ausgangsprodukten.

Je nach der Beschaffenheit dieser Produkte sind die Arbeitsgänge bis zum Enderzeugnis mehr oder weniger umfangreich.

Ausgangsprodukte und Endprodukte (Beispiele)	• Wein • Weintrester • Obst • Obsttrester • Getreide • Rohrzucker	→ Branntwein → Tresterbrand → Obstbrand → Brand aus Obsttrester → Getreidebrand → Rum
unterschiedliche Arbeitsabläufe	• Wein (alkoholhaltig) • Obst (zuckerhaltig) • Getreide (stärkehaltig)	– destillieren – vergären → destillieren – verzuckern → vergären → destillieren
Farbe der Destillate	• die Destillate sind nach dem Brennen grundsätzlich hell und wasserklar	

2. Grundzüge des Brennens

Das Brennen gliedert sich bei allen Spirituosen in zwei grundlegende Abschnitte.

erste Destillation	• aus dem alkohol- und aromahaltigen Ausgangsprodukt werden in einem ersten groben Brennvorgang Alkohol und Aromastoffe abgeschieden • Ergebnis ist der sogenannte Rohbrand (Rauhbrand) • in diesem sind jedoch noch eine ganze Reihe von Stoffen enthalten, die im Hinblick auf die Qualität des Endproduktes unerwünscht sind
zweite Destillation	• der mit höchster Sorgfalt durchgeführte zweite Brennvorgang zielt darauf ab, aus dem Rohbrand die erwähnten unerwünschten Stoffe auszuscheiden • Ergebnis ist der Feinbrand (auch Feindestillat genannt)

3. Einfache Spirituosen

Einfache Spirituosen sind unter der Bezeichnung „Klarer" bekannt.

Die qualitativen Anforderungen an diese Getränke sind im Vergleich zu den hochwertigen Spirituosen niedriger.

Alkohol	• zur Herstellung ist Alkohol jeglicher Art erlaubt (in vielen Fällen handelt es sich um Sprit) • die Alkoholkonzentration beträgt mindestens 32 % vol. **Beachte:** Die Güte des verwendeten Alkohols ist ausschlaggebend für die Qualität der Spirituosen.
Aromastoffe	• es handelt sich um keine spezifischen Geschmacks- und Geruchsstoffe • sie werden außerdem nur in geringen Mengen zugefügt und dienen lediglich zur geschmacklichen Abrundung **Beachte:** Es gibt auch einfache geschmacksneutrale Spirituosen ohne Aromastoffe.

D. Branntweine aus Wein

1. Deutsche Branntweine aus Wein

Das Gesetz nennt zwei qualitativ unterschiedliche Produktbezeichnungen.

Branntwein aus Wein	• bei diesem einfachen Produkt sind folgende Zusätze erlaubt: – Zucker und Zuckercouleur (Farbgebung) – Likörwein (zur geschmacklichen Abrundung)

Qualitätsbranntwein aus Wein	• abgesehen davon, daß bei ihm die oben genannten Zusätze nicht erlaubt sind, muß er besonderen Anforderungen genügen (siehe nachfolgend: „Gesetzliche Vorschriften") • er darf als Weinbrand bezeichnet werden

Deutsche Weinbrände werden nach einem bestimmten Verfahren hergestellt.

Ausgangsprodukt	• verschiedene Brennweine, die als Verschnitt eine gleichbleibende Qualität garantieren • die Weine werden aus Frankreich und Italien importiert und dort zugunsten einer besseren Transportfähigkeit „viniert", d. h. mit Weindestillat auf einen Alkoholgehalt von 23 % vol angehoben
Herstellen des Rohbrandes	• der Rohbrand ist das Ergebnis des ersten Brennvorgangs • in ihm sind enthalten: – etwa 40 % vol Alkohol – erwünschte Geruchs- und Geschmacksstoffe – außerdem nicht erwünschte minderwertige Stoffe
Gewinnung des Feinbrandes	• der Feinbrand ist das Ergebnis des zweiten Brennvorgangs • beim gewonnenen Destillat unterscheidet man: – Vorlauf – Mittellauf – Nachlauf • Vor- und Nachlauf, in denen sich die unerwünschten Stoffe befinden, werden mit größter Sorgfalt vom Mittellauf (dem sogenannten Herzstück) abgeschieden **Merke:** Der gereinigte Feinbrand hat einen Alkoholgehalt von etwa 70 % vol.
Lagerung des Feindestillates	• er kommt zu diesem Zweck in Eichenholzfässer mit einem Fassungsvermögen von höchstens 1000 Liter • folgende Vorgänge sind bei der Lagerung von Bedeutung: – aus dem Holz gehen Duft- und Geschmacksstoffe sowie die Farbstoffe in das Destillat über – durch Reifung entwickeln sich die feine Blume und das weinige Bukett – in bestimmten zeitlichen Abständen werden die Destillate der verschiedenen Fässer in Bottichen zusammengeschüttet („Egalisieren" des Geschmacks und der Farbe)
Fertigstellen des Weinbrandes	• durch Mischen der ausgereiften Destillate (Mariage = Hochzeit) erhält das Produkt seinen gewünschten Qualitätsstandard • letzter Vorgang ist das Herabsetzen des Alkoholgehaltes auf die vorgeschriebene Trinkstärke von mindestens 38 % vol (Zugabe von Wasser)

Deutscher Weinbrand muß gesetzlichen Anforderungen genügen.
Sie beziehen sich auf das Destillat, seine Lagerung und die Eigenschaften des Endproduktes.

Destillat	• es darf außer Weindestillat kein anderer Alkohol verwendet werden
	• das Destillat darf nur aus zugelassenen Traubensorten hergestellt sein
	• der Alkohol muß mindestens zu 85 % aus im Inland hergestelltem Destillat stammen
	• Likörwein und Zuckercouleur dürfen nicht zugesetzt werden
Lagerung des Destillates	• vorgeschrieben sind mindestens 6 Monate, und zwar in Eichenholzfässern
	• bei Hinweisen auf eine über dem Durchschnitt liegende Qualität oder auf das Alter beträgt die Mindestlagerzeit 12 Monate
Eigenschaften des Endprodukts	• goldgelbe bis goldbraune Farbe
	• Aussehen, Geruch und Geschmack frei von Fehlern

Merke: Weinbrände (Qualitätsbranntwein aus Wein) unterliegen einer amtlichen Prüfung und erhalten wie Qualitätswein eine Prüfnummer.

2. Französische Branntweine aus Wein

Frankreich liefert qualitativ sehr hochwertige Weinbrände.
Neben der allgemeinen Bezeichnung Weinbrand (eau-de-vie de vin) gibt es Markenweinbrände von höchster Qualität.

Cognac	• benannt nach der gleichnamigen Stadt im Département Charente
	• die Erzeugnisse werden aus den Weinen in einem genau begrenzten Gebiet um Cognac herum hergestellt
Armagnac	• benannt nach der gleichnamigen Region südlich von Bordeaux am Fuße der Pyrenäen

Merke: Die Bezeichnungen Cognac und Armagnac sind als Herkunftsbezeichnungen für die Erzeugnisse aus den betreffenden Gebieten vorbehalten.

Bekannte Cognacmarken	• Bisquit, Courvoisier, Hennessy
	• Martell, Prunier, Rémy Martin

Cognac ist das Spitzenerzeugnis der französischen Weinbrandherstellung.

Herstellungsmerkmale
- nach traditionellem Verfahren erfolgt die erste Destillation sofort nach dem Vergären des Weines zusammen mit der im Jungwein befindlichen Hefe
- der Feinbrand wird über Jahre in Fässern aus der Limousin-Eiche gelagert
- aufgrund der besonderen Pflege während der Lagerzeit ergeben sich die charakteristische Farbe und die besondere Feinheit des Cognacs

Das Alter des Cognacs unterliegt einer strengen staatlichen Kontrolle.

Alterskontrolle
- die französische Gesetzgebung befaßt sich dabei mit der Kontrolle über die ersten 5 Jahre

   Beachte: Cognac kann darüber hinaus selbstverständlich älter sein.
- zur Unterscheidung gibt es sogenannte Comptes d'Ages (Alterskonten)
   - das Compte 0 erfaßt die Destillate im ersten Jahr
   - die Comptes 1 bis 5 enthalten die Destillate von 1- bis 5jähriger Lagerung

   Merke: Die Brände aus Compte 0 werden nicht zum Export zugelassen.

Altersbezeichnungen
- Cognac, Cognac Authentique, Cognac***
   - Brände aus dem Compte 1 bis 3 (also mindestens 1- bis 3jährig)
- Cognac VO (Very Old), VSOP (Very Superior Old Pale), Réserve
   - Brände aus dem Compte 4 (also mindestens 4jährig)
- Cognac „Extra", „Napoléon", Vieille Réserve
   - Brände aus dem Compte 5 (also mindestens 5jährig)
- Cognac „Hors d'Age", XO (Extra Old), „Antique"
   - sehr alte Brände

3. Servieren von Weinbränden

Beim Servieren von guten Weinbränden sind wichtige Regeln zu beachten.

- Schwenkgläser verwenden, weil sie die Duftstoffe zusammenführen,
- kleine Mengen einfüllen, damit die Bukettstoffe genügend Raum zur Entfaltung haben,
- Serviertemperatur 16 bis 20 °C, damit Blume und Bukett voll zur Entfaltung kommen.

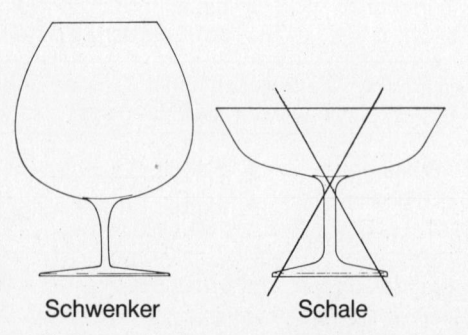

Schwenker   Schale

Calvados ist ein dem Weinbrand ähnliches Erzeugnis aus Apfelwein.

Besonderheiten
- die Heimat des Calvados ist die Normandie (Westfrankreich)
- das Ausgangsprodukt ist Apfelwein (Cidre)
- die berühmtesten Erzeugnisse kommen aus dem Pays d'Auge
- der Ausschank erfolgt in einem sherryähnlichen Glas mit Deckel
- die Serviertemperatur ist wie bei Cognac

E. Brände aus Obst

1. Herstellung von Obstbrand

Ausgangsprodukt für Obstbrand sind vergorene Obstmaischen oder alkoholische Ansätze mit Obst.

vergorene Obstmaischen
- sie enthalten neben dem rohstoffspezifischen Alkohol die jeweils arteigenen Aromastoffe
- fremder (anderer) Alkohol darf nicht zugesetzt werden

  Merke:
  - Die aus Obstmaischen hergestellten Erzeugnisse haben häufig den Wortbestandteil... wasser (z. B. Kirschwasser, Zwetschgenwasser)
  - Das gesamte Produkt stammt aus der vergorenen Maische.

alkoholische Ansätze
- insbesondere aus wenig Zucker enthaltenden Obstsorten kann nicht die für das Endprodukt erforderliche Menge Alkohol erzeugt werden.
- den Früchten wird deshalb Alkohol zugesetzt, der gleichzeitig dazu dient, die Aromastoffe auszulaugen
- durch Destillieren des aromatisierten Ansatzes erhält man das Endprodukt

  Merke:
  - Die mit Alkohol angesetzten Obstmaischen bzw. die aus ihnen hergestellten Produkte enthalten den Wortbestandteil... geist (z. B. Himbeergeist, Aprikosengeist)
  - Der Alkohol entstammt nicht der Frucht, sondern ist zugesetzt.

2. Arten der Obstbrände

Die Produktbezeichnungen ergeben sich aus der jeweils verwendeten Obstsorte.

Die Herstellung der Getränke erfolgt außerdem in Ländern bzw. Regionen, in denen das jeweilige Obst bevorzugt angebaut wird. Obstler (meistens aus einem Gemisch verschiedener Obstarten hergestellt) sind einfache Erzeugnisse, die mindestens 25 % vol Alkohol enthalten.

Hochwertige Obstbrände haben einen Alkoholgehalt, der um 40 % vol liegt.

Obstarten	Produktbezeichnungen	Herkunft
Kirschen	– Kirschwasser	– Deutschland, Schweiz
Pflaumen	– Zwetschgenwasser	– Deutschland
	– Quetsch	– Frankreich (Elsaß)
	– Pflümliwasser	– Schweiz
	– Slibowitz	– Jugoslawien, Ungarn
Aprikosen	– Marillenbrand	– Österreich
	– Barack	– Ungarn
Birnen	– Williamsbirnenbrand	– Schweiz
Himbeeren	– Himbeergeist	– Deutschland

F. Brände aus Getreide

1. Herstellung von Getreidebrand

Ausgangsprodukt sind verzuckerte und vergorene Maischen.

Herstellung	• die in der Maische aufgeschlossene Stärke wird mit Hilfe von Gerstenmalz verzuckert (siehe „Kartoffelsprit")
	• die weitere Verarbeitung (Vergären und Destillieren) ist bekannt
	Merke: Altersprädikate setzen eine Mindestreifezeit des Destillates von sechs Monaten voraus.
Artenbezeichnungen	• Korn
	• Whisky
	• Getreidebrand mit besonderer Geschmacksnote – Wacholder und Aquavit – Wodka (aufgrund eines speziellen Herstellungsverfahrens)

2. Korn

Korn ist eine typisch deutsche Art der Getreidebrände.

Rohstoffe	• Roggen oder Weizen
	• Buchweizen, Hafer oder Gerste
Produktbezeichnungen	• Korn
	• Kornbrand
	• Namen mit den Wertbestandteilen Korn, Weizen, Roggen oder Getreide (z. B. Weizenkorn)
Alkoholgehalt	• Brände aus Korn (kurz Korn) mindestens 32 % vol
	• Doppelkorn, Kornbrand, Eiskorn, Tafelkorn oder Edelkorn mindestens 38 % vol

3. Whisky

Whisky ist eine Spezialität der Getreidebranntweine aus den Ländern des englischen Sprachbereichs.

Erzeugerländer sind Irland, Schottland, Canada und Amerika. Auch Deutschland erzeugt heute Whisky (z. B. „Racke rauchzart").

Besonderheiten	• außer den unter Korn genannten Getreidearten wird zur Whiskyherstellung auch Mais verwendet
	• die besondere Schreibweise mit . . . ey (Whiskey) für irische und amerikanische Erzeugnisse beruht auf einer Vereinbarung der Whisky-Hersteller
	• Whisky wird im allgemeinen als „blended Whisky" hergestellt (Verschnitt aus unterschiedlichen Getreidearten bzw. Getreidedestillaten)
	   – to blend = mischen
	• reine Sorten sind z. B.
	   – Malt (aus Gerste)
	   – Rye (aus Roggen)
	   – Wheat (aus Weizen)

Irish Whiskey	• milder Geschmack

Scotch Whisky	• rauchiger Geschmack, weil das Malz über Torffeuer gedarrt wird
	• Farbe gelb bis goldbraun
	• bekannte Marken:
	   – Balantine, Black and White, Johnnie Walker
	   – Haig's, Vat 69, White Label, White Horse

Canadian Whisky	• milder Geschmack und helle Farbe • bekannte Marken sind Canadian Club und Seagram's

American Whiskey	• stark ausgeprägtes Aroma
	• der bekannte Bourbon enthält mindestens 51 % Maisanteil
	• Bourbon-Sorten sind:
	   – Straight Bourbon (aus einem Destillat)
	   – Blended Bourbon (Verschnitt aus mehreren Destillaten)

Verwendung von Whisky	• Whisky wird pur oder in Verbindung mit Soda oder Eis getrunken (Whisky Soda, Whisky on the rocks) • zur Herstellung von Cocktails oder Longdrinks eignen sich besonders die Erzeugnisse aus Canada und Amerika

4. Getreidebrände mit besonderer Geschmacksnote

Wacholder und Aquavit sind aromatisierte Getreidebrände.

Aromatisierung
- entweder werden bestimmte Aromaträger (z. B. Wacholderbeeren) im zweiten oder einem zusätzlichen dritten Brennvorgang mitdestilliert
- oder Aromastoffe werden einem Kornbrand in Form von Destillaten zugesetzt (z. B. Wacholderdestillat)

Wacholderbrände
- einfache Erzeugnisse
  - Wacholder mit mindestens 32 % vol Alkohol
  - Doppelwacholder mit mindestens 38 % vol Alkohol
- Markenerzeugnisse
  - Steinhäger (Wacholderbeerenmaische und Korndestillat)
  - Doornkaat (Korndestillat, Wacholderbeeren und andere Aromaträger)
  - Gin (englische Wacholderspezialität)
  - Genever (Markenwacholder aus Holland)

Aquavit
- Korndestillat, Kräuter- und Gewürzdestillate (merkliche Kümmelnote)
- bekannte Marken
  - Bommerlunder, Malteser, Aalborg

G. Brände aus speziellen Rohstoffen

1. Rum und Arrak

Rum ist ein Produkt aus Zuckerrohrmelasse und anderen Rückständen der Rohrzuckergewinnung.

Herkunft
- Westindische Inseln
  - Kuba, Jamaika, Haiti, Puerto Rico
  - Martinique, Barbados, Trinidad

Herstellung
- das zuckerhaltige Ausgangsprodukt wird vergoren und dann destilliert
- brauner Rum erhält seine Farbe entweder durch die Zugabe von Zuckercouleur oder durch Lagerung in Eichenholzfässern

Produktbezeichnungen
- Original-Rum sind importierte Erzeugnisse, die im Inland nicht verändert werden
- Echter Rum ist Original-Rum, der im Inland auf eine Trinkstärke von etwa 40 % vol herabgesetzt wird
- Rum-Verschnitt wird durch Verschneiden von Original-Rum, Sprit und Wasser gewonnen

Die Verwendung von Rum ist vielseitig.

brauner Rum	• zu Grog, Punsch und Tee sowie zum Rumtopf • zur Aromatisierung von Backwaren und Feuerzangenbowle
weißer Rum	• pur oder auf Eis servieren • als Bestandteil von Cocktails und Longdrinks
Grog	• 2/3 kochendheißes Wasser und 1/3 Rum • ein bis zwei Stück Würfelzucker
Punsch	• heißer Tee oder Rotwein, u. U. mit Zimtstange und Nelken aromatisiert • ein Schuß Rum
Feuerzangen- bowle	• Rotwein sowie etwas Orangen- und Zitronensaft erhitzen • einen Zuckerhut auf die Feuerzange legen, mit 54 %igem Rum gut tränken und anzünden Der karamelisierte Zucker tropft in den Wein und verleiht diesem einen besonders aromatischen Geschmack

Arrak kommt aus bestimmten Ländern Asiens.

Herkunft	• Indien, Sri Lanka, Indonesien und Thailand
Rohstoffe	• Rückstände der Rohrzuckergewinnung • außerdem zuckerhaltige Pflanzensäfte sowie verzuckerte Reismaische
Produkt- bezeichnungen	• mit dem Wortbestandteil Arrak wie bei Rum
Verwendung	• zu Grog und Punsch • zur Aromatisierung von Likören und Süßspeisen

2. Marc, Grappa und Enzian

Marc und Grappa werden aus Traubentrestern hergestellt.

Herstellung	• die Trester (Rückstände nach dem Abpressen des Traubenmostes) werden eingemaischt, vergoren und dann destilliert
Herkunft	• Marc kommt aus Frankreich, Grappa aus Italien

Enzian ist ein Brand aus der Maische von Enzianwurzeln.

H. Liköre

1. Rohstoffe für Liköre

Liköre sind Mischungen aus Zucker, Alkohol und besonderen geschmacksgebenden Stoffen.

Art der Zutaten
- Zucker oder Zuckersirup
- Alkohol in Form von Sprit oder Edelbränden aus Wein oder Obst sowie Rum
- geschmacksgebende Zutaten unterschiedlicher Art
  - Aromastoffe in Form von Auszügen und Destillaten von Früchten, Kräutern und Gewürzen
  - Milch, Sahne, Schokolade, Eier, Kaffee, Kakao

2. Fruchtliköre

Fruchtliköre gibt es als Fruchtsaftliköre, Fruchtaromaliköre und Fruchtbrandys.

Fruchtsaftliköre
- der Saftanteil der namengebenden Frucht beträgt 20 % des Likörs
- die Zugabe weiterer Fruchtsäfte sowie von Edelbränden (z. B. Whisky, Rum) ist erlaubt
- der Alkoholgehalt beträgt mindestens 15 % vol

Fruchtaromaliköre
- der artbestimmende Geschmack kommt von Aromen der namengebenden Frucht
- künstliche Aromastoffe (außer Vanillin) dürfen nicht verwendet werden
- der Mindestalkoholgehalt beträgt 15 % vol

Fruchtbrandys
- es handelt sich um Fruchtsaft- oder Fruchtaromaliköre, zu denen Obstbrand mitverwendet wurde (z. B. Kirschwasser, Aprikosengeist)
- die Mindestmenge des 40 %igen Destillates beträgt 1 Liter auf 20 Liter des Brandys
- der Alkoholgehalt des Produktes liegt bei 15 % vol

Beispiele für Fruchtliköre:

Fruchtsaftliköre	Fruchtaromaliköre	Fruchtbrandys
Ananaslikör	Aprikosenlikör	Apricot-Brandy
Brombeerlikör	Kirschlikör	Blackberry-Brandy
Heidelbeerlikör	Mandarinenlikör	(Brombeeren)
Himbeerlikör	Pfirsichlikör	Cherry Brandy (Kirschen)
Johannisbeerlikör	Pflaumenlikör	Peach-Brandy (Pfirsiche)
Kirschlikör	Preiselbeerlikör	

bekannte Markenliköre	• Grand Marnier (Orangenlikör, mit Cognac) • Cointreau (Orangenlikör, Triple sec) • Cordial (Fruchtaromalikör, mit Weindestillat) • Curaçao (Pomeranzenlikör, Triple sec) **Merke:** Triple sec bedeutet mindestens 38 % vol Alkohol.

Fruchtliköre werden zu vielfältigen Zwecken verwendet.

Beipiele	• pur trinken (eigentlich nippen) • zum Mixen von Cocktails und Longdrinks • zur Aromatisierung von Speiseeis, Obstsalaten und Süßspeisen (z. B. Pudding, Reisspeisen, Crêpes)

3. Kräuter-, Gewürz- und Bitterliköre

Sie werden auf vielfältige Weise, häufig nach streng gehüteten Jahrhunderte alten Rezepten hergestellt. Neben einfachen gibt es jedoch auch sehr hochwertige Liköre dieser Art. Ausschlaggebend für die Bewertung ist außer dem Herstellungsverfahren die Qualität der verwendeten Rohstoffe.

einfache Liköre	• Grundlikör, bestehend aus Zucker und Alkohol • Aroma–Auszüge (Essenzen)
hochwertige Liköre	• Edelbrände aus Wein, Obst, Getreide • hochwertige Destillate von Früchten, Kräutern und Gewürzen
Alkoholgehalt	• zwischen 15 und 35 % vol, bei den hochwertigen Produkten auch höher

bekannte Liköre	• Abtei- und Klosterliköre
	   – Ettaler, Bénédictine, Chartreuse (grün und gelb)
	• Gewürzliköre
	   – Anis, Kümmel, Pfefferminze (grün und weiß)
	• Bitterliköre
	   – Bittere Tropfen, Jägermeister, Stonsdorfer

4. Emulsionsliköre

Emulsionsliköre enthalten Zutaten, die emulgiert werden müssen.
Emulgieren ist fein verteilen und homogen einbinden.

Zutaten	• Grundlikör (Zucker und Alkohol, meistens Sprit) • Milch, Sahne und Schokolade • Eier, Kaffee (Mokka) und Kakao
Alkoholgehalt	• Mindestalkoholverordnung: 14 % vol
bekannter Likör	• Eierlikör Advokat / Advocaat

I. Mixgetränke

Mixgetränke herzustellen ist eigentlich Sache der Bar. Es handelt sich dabei um einen eigenständigen Fachbereich mit fachlich geschultem Personal.

1. Unterscheidung der Mixgetränke

Mixgetränke werden unter anderem nach der Füllmenge unterschieden.

Shortdrinks
- sie sind durch folgende Merkmale gekennzeichnet
  - kleinere Menge
  - hohe Geschmacks- und Alkoholkonzentration
  - kleine Mengen hochkonzentrierter Zutaten
- die wichtigste Getränkegruppe sind die Cocktails
- das Servieren erfolgt im Cocktailglas

Longdrinks
- sie haben folgende Merkmale
  - größere Menge
  - schwächere Geschmacks- und Alkoholkonzentration
  - füllende, konzentrationsmindernde Zutaten
- die bekanntesten Getränke sind die Sours und Fizzes
- sie werden im Tumbler angerichtet

Mixgetränke werden auch nach Zweckbestimmung beim Essen unterschieden.

Before-Dinner-Drinks
- vor dem Essen gereicht, sollen sie appetitanregend wirken
- zu ihrer Herstellung werden deshalb ausschließlich trockene, d. h. Zutaten ohne merkliche Süße verwendet

After-Dinner-Drinks
- sie sollen das Essen harmonisch ausklingen lassen
- dazu dienen u. a. aromatische Zutaten mit süßender Wirkung

2. Zutaten für Mixgetränke

Bei den Zutaten unterscheidet man die grundlegende Spirituose, die aromatisierenden Zutaten sowie die sonstigen Zugaben.

grundlegende Spirituosen	aromatisierende Zutaten		sonstige Zutaten
Gin	Vermouth dry	Läuterzucker	Oliven
Whisky	Vermouth rosso	Rahm	Cocktailkirschen
Cognac	Cointreau	Angosturabitter	Orangenscheiben
Weinbrand	Crème de cacao	Worcestershire Sauce	
Rum	Zitronensaft	Tomatensaft	Soda
Wodka		Salz, Pfeffer	Cola

Merke:
- Die zum Mixen erforderlichen Eiswürfel dienen lediglich zum Kühlen.
- Sie werden immer vor den anderen Zutaten in das Mixglas oder den Shaker gegeben.

3. Arbeits- und Hilfsgeräte beim Mixen

Zum Mixen benötigt man Arbeits- und Hilfsgeräte ganz spezieller Art.

ausgesprochene Arbeitsgeräte	• Mixglas	→ in dem die Mixzutaten durchgerührt werden
	• Shaker	→ in dem die Mixzutaten geschüttelt werden

elementare Hilfsgeräte	• Meßbecher	→ zur genauen Bestimmung von Zutatenmengen (2 cl, 4 cl)
	• Meßglas	→ zur Bestimmung von differenzierten Mengen (z. B. zwischen 6 und 40 g)
	• Eiszange	→ zum Greifen der Eiswürfel
	• Barlöffel	→ zum Abmessen kleinerer Zutatenmengen
		→ zum Rühren im Mixglas
	• Strainer	→ zum Abtrennen der groben Mixzutaten vom eigentlichen Getränk (z. B. die Eiswürfel, Zitronenstückchen)

sonstige	• Zitronenpresse	→ zum Abpressen von Zitronen- und Orangensaft
	• Holzbrett, kleines Messer	→ zum Schneiden von Zitronen und Orangen
	• Sticks	→ zum Aufspießen von Oliven, Kirschen und Orangenscheiben
	• Trinkhalme	→ für den Gast bestimmt

Abkürzungen für Maßeinheiten: • 1 dash (Spritzer) = 1 cl   • 1 Barlöffel = 1 BL

4. Arbeitstechniken beim Mixen

Bei den Arbeitstechniken unterscheidet man das Rühren und Schütteln.

Rühren	• erfolgt im Mix- oder Rührglas
	• wird angewendet bei Zutaten, die sich leicht miteinander vermischen lassen

Schütteln	• wird mit Hilfe des Shakers bzw. Schüttelbechers ausgeführt
	• ist notwendig bei der Verwendung von Zutaten, die sich mit den übrigen Zutaten nicht leicht vermischen lassen (z. B. Läuterzucker, Liköre, Rahm)
	Merke: Beim Schütteln ist der Shaker mit beiden Händen zu fassen, wobei die Finger der rechten Hand den Deckel sichern.

sonstige Techniken	• Abseihen, wobei der Strainer in die Öffnung des Mixglases oder des Shakers eingelegt wird
	• Abspritzen geschieht mit kleinen Stückchen von Orangen- oder Zitronenschale, die über dem Mixgetränk zwischen Daumen und Zeigefinger zusammengedrückt werden (der aromatische Saft spritzt heraus)

5. Klassische Cocktails

Cocktail-bezeichnung	grundlegende Spirituose	sonstige Zutaten	Art der Zubereitung	Garnituren, Zugaben
Martini dry	4,5 cl Gin	1,5 cl Vermouth dry	Mixglas	1 Olive
Manhattan	4 cl Canadian Whisky	2 cl Vermouth rosso 1 ds Angostura	Mixglas	1 Cocktail-kirsche
White Lady	2 cl Gin	2 cl Cointreau 2 cl Zitronensaft	Shaker	1 Cocktail-kirsche
Side Car	2 cl Cognac	2 cl Cointreau 2 cl Zitronensaft	Shaker	1 Cocktail-kirsche
Alexander	2 cl Cognac	2 cl Crème de cacao 2 cl Rahm	Shaker	—

6. Klassische Longdrinks

Drink-bezeichnung	grundlegende Spirituose	sonstige Zutaten	Art der Zubereitung	Garnituren, Zugaben
Whisky Sour	4 cl Bourbon Whisky	2 cl Zitronensaft 2 BL Läuterzucker	Shaker (Tumbler)	2 Maraschino-kirschen 1 Orangen-scheibe
Gin Fizz	4 cl Gin	2 cl Zitronensaft 2 BL Läuterzucker	Shaker (Tumbler)	Sodawasser
Bloody Mary	4 cl Wodka	5 cl Tomatensaft 2 cl Zitronensaft Worcestershire Sauce, Tabasco Salz, Pfeffer	Mixglas (Tumbler)	—
Cuba libre	4 cl Rum	2 cl Zitronensaft	Mixglas (Tumbler)	Cola

Servierkunde

Die Servierkunde befaßt sich mit folgenden Lerngebieten:
- Tische, Tischwäsche und Tafelgeräte
- Vorbereitungsarbeiten und allgemeine Regeln für den Service
- Arbeitsrichtlinien für das Servieren von Speisen
- Kontrolle und Abrechnung im Service

Tische, Tischwäsche und Tafelgeräte

Die im Service benötigten Gegenstände sind vielfältiger Art. Im folgenden Abschnitt geht es darum, sie kennenzulernen und Wichtiges über ihre Handhabung und Pflege sowie den sachgerechten Einsatz zu erfahren.

I. Tische und Tischwäsche

A. Einzeltische und Festtafeln

Dem Platz, an dem der Gast seine Mahlzeiten einnimmt, wird besondere Aufmerksamkeit geschenkt.

1. Einzeltische

Einzeltische sind für einzelne Gäste oder für eine kleine Anzahl von Gästen bestimmt. Es gibt sie in verschiedenen Formen und unterschiedlichen Größen.

Quadratische Tische

80 mal 80 cm

Rechteckige Tische

80 mal 160 cm

Runde Tische

120 cm Durchmesser

2. Festtafeln

Festtafeln werden zu besonderen Anlässen für eine mehr oder weniger große Anzahl von Gästen zusammengestellt.

Es gibt dabei bezüglich Größe und Anordnung der Tische unterschiedliche Tafelformen. Dafür sind ausschlaggebend:
- Die Anzahl der Gäste,
- die Größe und Grundfläche des Raumes, in den sich die Tafel harmonisch einordnen soll,
- der freie Raum um die Tafel herum, der so bemessen sein muß, daß die Bedienungsabläufe störungsfrei ausgeführt werden können.

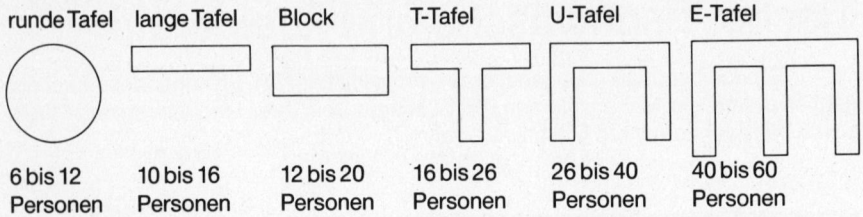

Tafelformen

runde Tafel	lange Tafel	Block	T-Tafel	U-Tafel	E-Tafel
6 bis 12 Personen	10 bis 16 Personen	12 bis 20 Personen	16 bis 26 Personen	26 bis 40 Personen	40 bis 60 Personen

B. Tischwäsche

1. Material und Eigenschaften der Tischwäsche

Vom Material her unterscheidet man vor allem Baumwolle, Reinleinen und Halbleinen.

Baumwolle
- wird aus den walnußgroßen Fruchtkapseln des Baumwollstrauches gewonnen
- beim Aufbrechen quellen aus ihnen die Samenfasern wie Wattebäusche heraus

Merke: Makro-Baumwolle ist eine besonders hochwertige Baumwollsorte.

Leinen
- wird aus den Stengelfasern des Flachses gewonnen
- Halbleinen ist ein Mischgewebe aus Baumwoll- und Flachsgarnen

Merke: Der Flachsanteil muß bei Halbleinen mindestens 40 % betragen.

Baumwolle und Leinen haben hochwertige Eigenschaften.
- reiß- und maßfest
- unempfindlich gegenüber Hitzeeinwirkung
  Das ist gültig für die Behandlung beim Waschen (kochechte Beschaffenheit) und beim Bügeln.

Aufgrund der genannten Eigenschaften eignen sich die Gewebe besonders gut für die im Gastgewerbe stark in Anspruch genommene Tischwäsche.

2. Arten der Tischwäsche

Zur Tischwäsche gehören Tischtuchunterlagen, Tisch- und Tafeltücher sowie Decktücher und Servietten.

Tischtuchunterlagen
- ursprünglich aus beidseitig aufgerauhtem Baumwollstoff (Flanell)
- wegen der flauschigen und weichen Beschaffenheit **Molton** genannt (mou, molle = weich)
- erfüllen verschiedene Zwecke:
  - schützen die Oberfläche des Tisches vor den Einwirkungen von Hitze und Feuchtigkeit
  - verhindern, daß aufgelegte Tischtücher hin- und herrutschen und geben ihnen ein „weicheres" und „satteres" Aussehen
  - ermöglichen das geräuscharme Auflegen der Tischgeräte

  Beachte: Moltons gibt es heute auch aus anderem Material, z. B. aus einseitig aufgerauhtem Baumwollstoff, der auf eine gummiartige Unterlage geklebt wird.

Tisch- und Tafeltücher
- bestehen im allgemeinen aus strapazierfähigem Leinen oder Halbleinen
- geben der Tischoberfläche ein sauberes und gepflegtes Aussehen
- neben besonders festlich wirkenden weißen Tüchern werden heute oft auch buntfarbene verwendet.

  Beachte:
  - Tisch- und Tafeltücher sind beim Auflegen und Abnehmen sorgfältig zu handhaben (siehe nachfolgende Abschnitte)
  - Der Überhang über die Tischkante soll allseitig 25 bis 30 cm betragen.
  - Bei runden Tischen müssen die Ecken vor den Tischbeinen herabhängen.

Decktücher
- sind kleine, etwa 80 mal 80 cm große Tücher, die deshalb auch Deck**servietten** genannt werden (napperons im Vergleich zum nappe = Tischtuch)

	• dienen dazu, bereits aufliegende Tischtücher diagonal zu überdecken, 　– um diese einerseits grundsätzlich zu schonen (weniger häufiges Waschen) 　– oder um einen dekorativen Effekt zu erzielen (farbige Deckserviette auf weißem Tischtuch)
Servietten	• **Mundservietten** dienen 　– zum Schutz der Kleidung während des Essens 　– zum Abwischen des Mundes vor dem Trinken, damit der Rand des Glases nicht mit Speiseresten verschmiert wird 　**Beachte:** • Im anspruchsvollen Service sind Mundservietten Teil der dekorativen Ausstattung der Menügedecke. 　　　　　　• Aus diesem Grunde werden dazu Stoffservietten verwendet. 　　　　　　• Servietten aus Papier oder Zellstoff sollten auf einfachere Formen des Service beschränkt bleiben. • **Handservietten** gehören zum Handwerkszeug der Bedienung und werden deshalb **Serviertücher** genannt. Sie werden im gepflegten Service hängend über dem linken Unterarm getragen und dienen zu folgenden Zwecken: 　– Schutz der Hand und des Armes beim Tragen von heißen Tellern und Platten 　– Vermeiden von Fingerabdrücken an Tellern und Bestecken 　– Trocknen von Weinflaschen nach dem Entnehmen aus dem Kühler 　– Auffangen des möglichen Überschäumens beim Öffnen von Schaumweinflaschen 　**Beachte:** Aus ästhetischen und hygienischen Gründen ist es erforderlich, daß sich die Handserviette stets in einwandfreiem Zustand befindet. Sie ist deshalb immer dann durch eine frische zu ersetzen, wenn sie nicht mehr ganz sauber oder nicht mehr glatt ist.

3. Pflegliches Behandeln der Tischwäsche

Für diese Forderung gibt es verschiedene Gründe: hygienische, ästhetische und wirtschaftliche.

Gesichtspunkte	• Neuanschaffungen und regelmäßiges Waschen verursacht einerseits beachtliche Kosten • andererseits aber muß die Wäsche immer in einwandfreiem Zustand sein
Richtlinien für pflegliches Behandeln	• nach dem Bügeln so behandeln, daß sie nicht schon vor der Verwendung wieder verschmutzt und „zerknittert" ist • das Auflegen und Abnehmen im Service mit angemessener Sorgfalt ausführen (siehe folgenden Abschnitt)

- die Tücher, die nach dem ersten Gebrauch einen weiteren Einsatz zulassen, exakt in die Bügelfalte zurücklegen

> **Merke:**
> - Servietten dürfen wegen der grundsätzlichen Reinhaltung und aus hygienischen Gründen nicht als Putztücher verwendet werden.
> - Hartnäckiger, durch Waschen nicht mehr entfernbarer Schmutz macht sie für den eigentlichen Zweck unbrauchbar.

C. Handhaben von Tisch- und Tafeltüchern im Service

1. Brüche in Tisch- und Tafeltüchern

Beim Auflegen und Abnehmen spielen die Brüche eine besondere Rolle.

Da sie beim Plätten der Wäsche entstehen, ist dieser Vorgang ein hilfreiches Anschauungsmittel.

Beim Bügeln wird wie folgt gefaltet:

- Alle Tücher in Längsrichtung zweimal,
- quadratische in Querrichtung ebenfalls zweimal,
- rechteckige in Querrichtung je nach Länge zwei- bis dreimal, damit eine schrankgerechte Fläche entsteht.

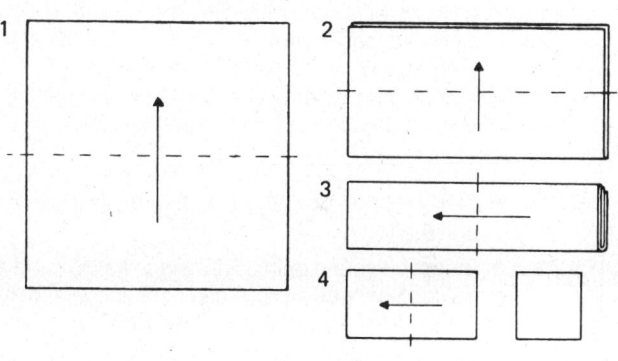

Man unterscheidet Längs- und Querbrüche:

- Beim entfalteten Tischtuch zeigen sich aufgrund der Bügelfaltung in jedem Falle drei durchgehende Längsbrüche.
- Die quadratischen Tücher haben außerdem drei Querbrüche, die rechteckigen ihrer Länge entsprechend mehr als drei.

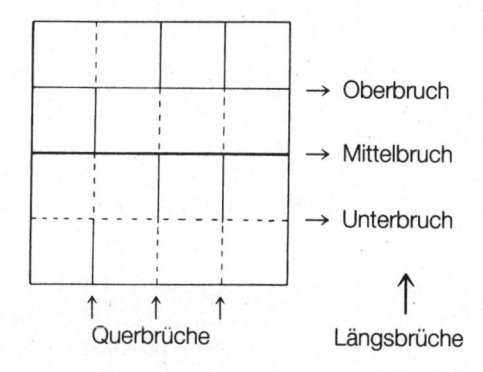

→ Oberbruch
→ Mittelbruch
→ Unterbruch

Querbrüche   Längsbrüche

2. Auflegen von Tisch- und Tafeltüchern

Das Auflegen auf quadratische sowie kleinere rechteckige und runde Tische wird von einer Person ausgeführt.
Dabei sind folgende Arbeitsrichtlinien zu beachten:

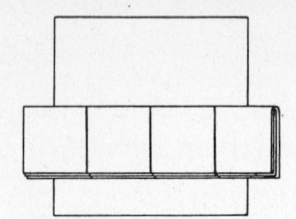

- so vor dem Tisch stehen, daß der Rücken zur Eingangstür gerichtet ist
- das zusammengefaltete Tuch auf dem Tisch so ablegen, daß die offenen Kanten zum Auflegenden hin ausgerichtet sind

   Beachte: Nach dem Entfalten des Tuches in seitlicher Richtung liegt der Mittelbruch oben, die offenen Kanten unten.

- das Tuch nun mit beiden Händen so fassen, daß der Mittelbruch zwischen Daumen und Zeigefinger, die obere Kante zwischen Zeige- und Mittelfinger gehalten wird
- das Tuch anheben und nacheinander
  - zuerst die freiliegende untere Kante leicht über die gegenüberliegende Tischkante hinwegschwingen
  - dann den zwischen Daumen und Zeigefingern gehaltenen Mittelbruch freigeben
  - schließlich mit den Zeige- und den Mittelfingern ziehend die Decke über den Tisch ausbreiten

> **Merke:**
> - Das entfaltete Tischtuch muß über alle vier Tischkanten gleichlang herabhängen.
> - Dies muß schon beim Hinüberschwingen und Ablegen des Tuches genau abgewogen werden und darf nicht erst durch Ziehen und Zerren an der bereits liegenden Decke geschehen.
> - Bei runden Tischen ist darauf zu achten, daß die Tischtuchecken genau vor den Tischbeinen herabhängen.

Richtung und Lage der Brüche beeinflussen das optische Bild der Tischoberfläche.

Ausrichten vom Blickpunkt des Gastes aus	• die Längsbrüche müssen alle in der gleichen Richtung verlaufen • die Oberbrüche liegen alle auf der gleichen Seite der Tischfläche (von der Mittelachse des Raumes aus gesehen spiegelbildlich)
Schattenwirkung bei einfallendem Tageslicht	• die Oberbrüche liegen parallel zum Fenster bzw. quer zum einfallenden Licht, – auf der Fensterseite des Raumes auf der zum Fenster gerichteten Seite, – auf der anderen Raumseite auf der vom Fenster abgewandten Seite.

Das Auflegen von größeren Tafeltüchern auf Festtafeln muß von zwei Personen ausgeführt werden.

Dabei sind bezüglich der Lage der Brüche und den Überlappungen der Tücher zusätzliche Richtlinien zu beachten.

Auflegen
- das Tuch, auf der Tafel liegend, vorsichtig in den Querbrüchen entfalten und auseinanderlegen
- mit den Händen die Ecken erfassen, das Tuch in Querrichtung vorsichtig auseinanderziehen und nach sorgfältiger Prüfung der Abstände und Ausrichtungen auf der Tafel ablegen

Lage der Oberbrüche
- Ist zum Überdecken der Tafel eine Tuchbreite ausreichend, dann liegen diese
  - bei der langen Tafel nach der Seite, die unter Beachtung aller Umstände (z. B. Sitzordnung, Tageslicht) am zweckmäßigsten erscheint
  - bei den übrigen Tafelformen, abgesehen vom senkrechten Teil der T-Tafel und dem Mittelteil der E-Tafel, nach den Außenseiten

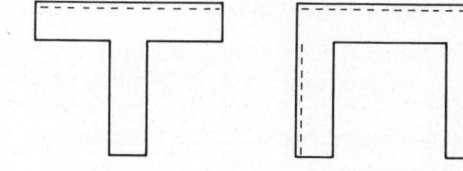

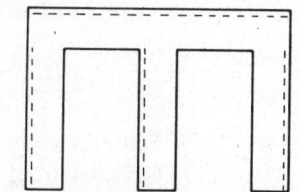

- Sind zum Überdecken der Tafel zwei Tuchbreiten erforderlich, dann können die Oberbrüche
  - **entweder** nach beiden Seiten unmittelbar auf den Tischkanten liegen (vorausgesetzt, die Überhänge der Tischtücher reichen höchstens bis auf die Sitzhöhe der Stühle)
  - **oder** liegen andernfalls auf den Tischen (siehe oben)

Überlappungen der Tücher
- in bezug auf einfallendes Tageslicht liegen sie zum Licht hin, damit kein Schatten entsteht
- vom herantretenden Gast her gesehen von diesem weg, damit er nicht gegen bzw. unter die Kante schaut

Licht →   ← Gast Blickrichtung

3. Abnehmen von Tisch- und Tafeltüchern

Sollen Tücher nach dem Gebrauch ein weiteres Mal eingesetzt werden, sind sie sorgfältig in die Originalbrüche zurückzulegen, damit keine unschönen Parallelbrüche entstehen.

Das Abnehmen von kleineren Tüchern wird von einer Person in vier Schritten durchgeführt.

erster Schritt	– Den Mittelbruch am rechten und linken Ende des Tuches zwischen Daumen und Zeigefinger greifen, – die Arme hochheben und die offenen Kanten des Tuches herabfallen lassen, – das Tuch so auf den Tisch legen, daß die beiden verbliebenen, ineinander liegenden Brüche nach oben zeigen.
zweiter Schritt	– Das Tuch wie vorher in den Brüchen rechts und links greifend aufnehmen, – hochheben und wieder so ablegen, daß die mittleren Querbrüche nach oben zeigen.
dritter Schritt	– Die mittleren Brüche mit den Zeigefingern von beiden Seiten unterfassen und hochheben, – das Tuch so ablegen, daß die verbleibenden Querbrüche wieder nach oben zeigen.
vierter Schritt	– Noch einmal mit den Zeigefingern unterfassen und hochheben.

Beachte:
- Durch das jeweilige Hochheben in den Brüchen und das Herabfallenlassen der Seitenteile wird das Tuch exakt in die Bügelfalten zurückgelegt.
- Zum Ausheben von größeren Tafeltüchern sind zwei Personen erforderlich.

D. Formen von Mundservietten

1. Bügelfaltung bei Servietten

Für den gepflegten Service werden Servietten in besondere dekorative Formen gebracht. Dabei werden in bezug auf diese Formen zwei Bügelfaltungen angewendet:

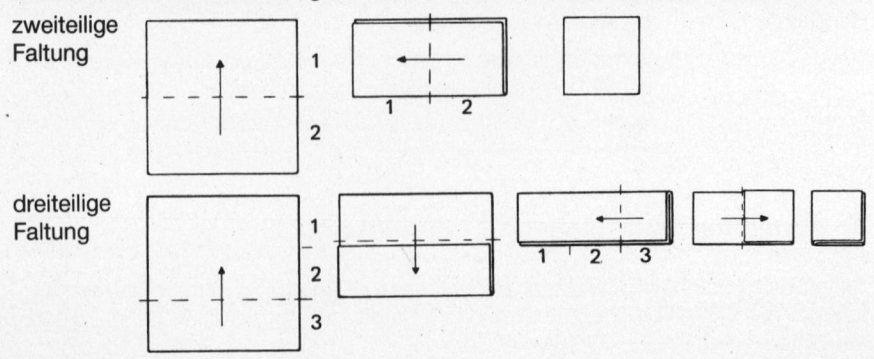

zweiteilige Faltung

dreiteilige Faltung

2. Serviettenformen bei zweiteiliger Bügelfaltung

Tafelspitze
- Serviette im Querbruch auffalten (offene Kanten zur Person hin)
- obere Ecken diagonal zusammenlegen
- Dreieck zur Spitze zusammenbiegen

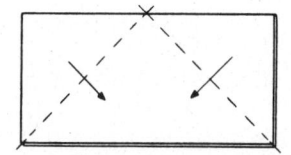

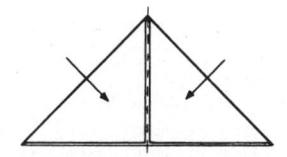

Beachte: Zur Tafelspitze kann auch die dreiteilige Bügelfaltung verwendet werden. Dabei muß aber das nach innen eingeschlagene Drittel mit dem darunterliegenden Drittel in Doppellage bleiben.

Jakobinermütze
- Serviette mit der offenen Spitze zur Person hinlegen
- ⅔ der unteren Spitze falten, nach oben überschlagen
- linke und rechte Ecke nach hinten umschlagen und in den Falten ineinanderstecken
- den durch das Umschlagen und das Einstecken entstandenen Innenraum von unten her ein wenig auswölben (siehe Pfeil)
- Serviette aufstellen

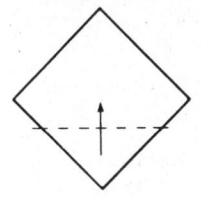

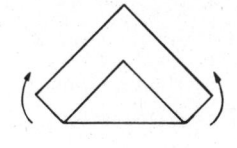

Merke: Wenn die vorderen, niedrigeren Spitzen der Jakobinermütze nach unten umgelegt werden, erhält man eine abgewandelte Form.
Sie wird als Schützenmütze bezeichnet.

Bischofsmütze
- Serviette mit der geschlossenen Spitze zur Person hin legen
- Serviette in der Mitte falten, von der Person weg zu einem Dreieck zusammenlegen
- linke und rechte Ecke nach hinten umlegen und in den Falten ineinanderstecken
- entstandenen Innenraum ein wenig auswölben (siehe Jakobinermütze)
- Serviette aufstellen

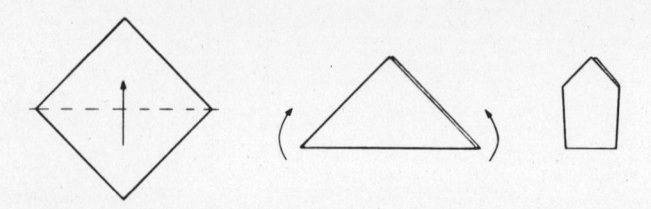

3. Serviettenformen bei dreiteiliger Bügelfaltung

Welle einfach
- Serviette so legen, daß die offenen Kanten nach oben und nach rechts liegen
- das obenauf liegende Drittel der Serviette nach links aufklappen
- das aufgeklappte Drittel in der Mitte falten, nach rechts überlegen
- die entstandene Doppellage nach rechts auf das rechte Drittel überlegen

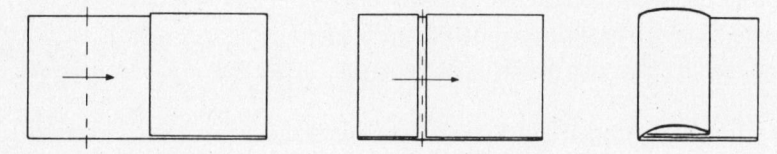

Merke: Beim Einlegen zwischen den Bestecken ist die Serviette so zu drehen, daß die Welle zur Tischkante hin und parallel zu dieser liegt.

Welle dreifach
- Serviette nach beiden Seiten in den Querbrüchen nach rechts und links aufklappen
- linkes und rechtes Drittel jeweils in der Mitte falten, nach innen umschlagen
- die entstandene rechte Doppellage noch einmal zur Mitte hin umschlagen

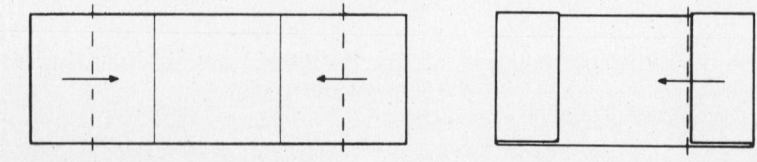

- das einfach liegende Mittelfeld mit Zeige- und Mittelfinger von unten zu einer Welle hochdrücken und zusammen mit dem rechten Überschlag auf den linken Überschlag auflegen

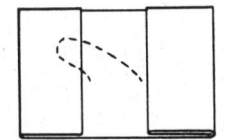

Tüte
- Serviette so legen, daß die offenen Kanten zur Person hin liegen
- obenauf liegendes Drittel der Serviette nach links aufklappen
- rechte obere Ecke diagonal nach innen umlegen (Falte nicht pressen!)
- rechte untere Ecke hochheben und das Dreieck in eine andere Form falten (siehe Skizze)
- nach links aufgeklapptes Drittel nach rechts vorne oder das Viereck nach links überlegen (Falte nicht pressen!)

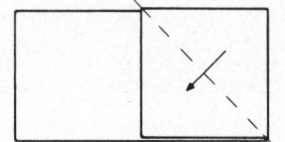

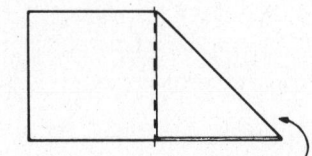

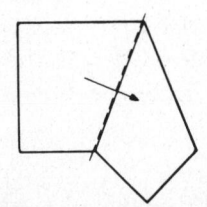

- nach unten überragende Spitzen nach oben klappen
- Innenraum ein wenig auswölben (siehe Jakobinermütze)

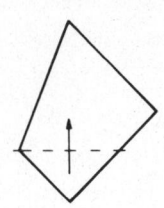

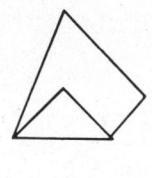

Krone

- Serviette mit der langen, offenen Kante zur Person hin legen
- rechte obere und linke untere Ecke diagonal zur Mitte hin umlegen

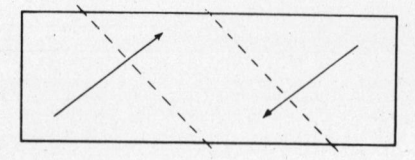

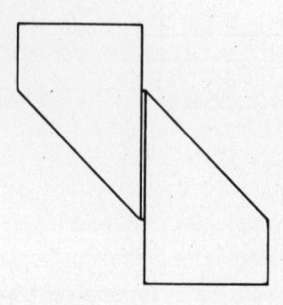

- Serviette nach links drehen und Unterseite nach oben wenden

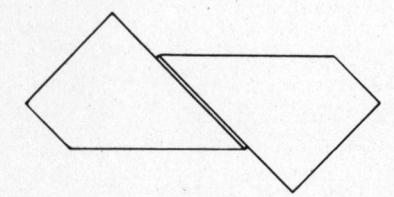

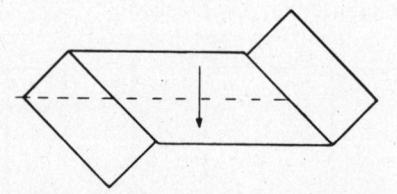

- obere Lage halbierend nach unten überlegen und linke Ecke unten durchziehen
- rechte Seite nach vorne, linke nach hinten einlegen

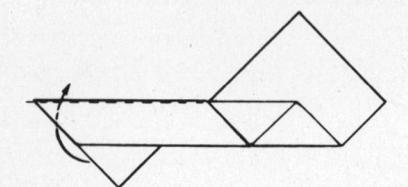

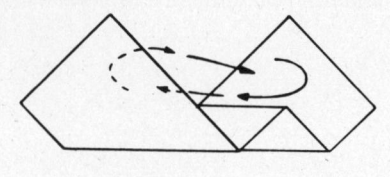

- unteren Hohlraum ein wenig auswölben

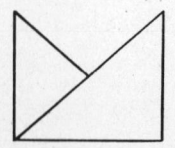

II. Tisch- und Tafelgeräte

Zu diesen Geräten gehören vor allem die Bestecke und Gläser sowie das Porzellangeschirr.

A. Bestecke

Bis ins 15. Jahrhundert war es üblich, die Speisen beim Essen mit den Händen aufzunehmen. Die ersten Eßgeräte in Form von Löffeln, Messern und Gabeln wurden als Luxus angesehen. Heute haben wir eine große Vielzahl von Bestecken.

1. Materialbezogene Unterschiede der Bestecke

Bezüglich des Materials unterscheidet man Edelstahlbesteck, Silberbesteck und versilbertes Besteck

Edelstahlbesteck
- das Grundmaterial für diese Bestecke ist Stahl, weil er ausreichend stabil und hart ist
- um das Rosten zu verhindern, wird der Stahl veredelt **(Edelstahl)**
- Festigkeit und Korrosionsbeständigkeit werden außerdem durch Legieren mit anderen Metallen erhöht
  Chromstahl → mit Chrom legiert
  Chromnickelstahl → mit Chrom und Nickel legiert

Merke: Neben den Kennzeichnungen „rostfrei" oder „stainless" geben die Einprägungen 18/8 oder 18/10 Hinweise auf die Art der Legierung: 18 % Chromanteile sowie 8 bzw. 10 % Nickel.

Silberbesteck
- Silber ist von Natur aus weich und für Bestecke nur bei entsprechender Härtung bzw. Legierung geeignet
- Silber verleiht dem Besteck einen Hauch von Festlichkeit

Beachte: Silberbesteck ist teuer und deshalb selten.

Versilbertes Besteck
- besteht aus einem mit Chrom, Nickel oder Messing gehärteten Edelstahlkern, der mit einer Silberauflage versehen ist
- die Silberauflage kann unterschiedlich dick sein und wird an stark beanspruchten Stellen häufig noch zusätzlich verstärkt
- bei dreifach verstärkter Auflage spricht man von **Patentsilber**

Merke: Die Kennzeichnung 80, 90 oder 100 bedeutet, daß für 24 qdm Besteckoberfläche entsprechende Mengen Silber in Gramm verwendet wurden (je höher die Zahl, desto dicker die Silberschicht).

2. Reinigung und Pflege der Bestecke

Bestecke dürfen den Gästen nur in ganz einwandfreiem Zustand angeboten werden.
Daraus ergeben sich die Richtlinien für die Reinigung und Pflege.

Grundlegende Reinigung	• Bestecke müssen nach jedem Gebrauch sorgfältig gespült werden
• um Korrosionsflecke durch aggressive Stoffe in Speisen, im Wasser und in Spülmitteln zu verhindern ist es wichtig,
– Bestecke vor dem Spülen nicht zu lange insbesondere nicht in Wasser liegen zu lassen
– Bestecke nach dem Spülen rasch und gut trockenzureiben
Polieren und Nachpolieren	• unabhängig vom Trocknen erhalten Bestecke durch Polieren einen strahlenden Glanz
• Nachpolieren ist die Behandlung vor dem nächsten Gebrauch
– das Nachpolieren ist unerläßlich, weil die Bestecke in der Zwischenzeit durch Fingerabdrücke und Staub wieder leicht verunreinigt sein können
– dabei leistet das Eintauchen in warmes Wasser gute Dienste
– das Anhauchen ist aus hygienischen Gründen unzulässig

> Merke:
> • Gäste stellen an Bestecke in bezug auf Hygiene und Ästhetik hohe Anforderungen.
> • Bestecke sollten deshalb in einem solchen Zustand sein, daß sich Gäste nicht genötigt sehen, sie vor dem Essen mit Hilfe des Tischtuches rasch noch einmal abzuwischen.

Silberbestecke bedürfen einer besonderen Behandlung und Pflege.

Silber „läuft an"	• durch Schwefelwasserstoffe, die sich in der Luft und in den Speisen befinden
• an der Oberfläche bildet sich ein festhaftender bräunlicher Belag, der nur mit Hilfe von geeigneten Reinigungsmaßnahmen auf- und abgelöst werden kann
Reinigungsmaßnahmen	• **Silberputzpaste** wird aufgetragen und nach dem Trocknen abgerieben (aufwendige Art der Reinigung)
• im **Silberbad** erfolgt die Reinigung mit Hilfe von heißem Wasser und Reinigungssalz
• in der **Silberputzmaschine** befinden sich zum Zweck des Reinigens und Polierens Stahlkügelchen und ein Spezialreinigungsmittel in einer sich drehenden Trommel.

3. Arten und Einsatz der grundlegenden Bestecke

Die grundlegenden Arten der Bestecke sind Messer, Gabel und Löffel.
Es gibt sie in drei verschiedenen Größen:

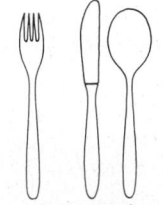

Großes Besteck    Mittelbesteck    Kleines Besteck

---

Merke: Im klassischen Service war die Bezeichnung „Kleines Besteck" nicht üblich. Als Folge maßvoller Verzehrsgewohnheiten (z. B. Speisen in Gläsern oder Schalen) sind Kaffeelöffel und Kuchengabel heute eine gebräuchliche Besteckkombination.

Für die grundlegenden Bestecke gibt es allgemeine Zweckbestimmungen.

Löffel	• für Speisen, die geschöpft werden können
Messer und Gabel	• für Speisen, die durch Schneiden zerkleinert werden müssen
Löffel und Gabel	• für Speisen, die aufgrund ihrer Beschaffenheit entweder mit dem Löffel oder der Gabel zerteilt werden können

---

Merke:
- Die Größe der Bestecke richtet sich grundsätzlich nach dem Volumen der Speise bzw. nach der Größe des Tellers, auf dem die Speise angerichtet ist.
- Aus optischen Gründen ist in jedem Fall auf die Verhältnismäßigkeit der Größe zu achten.

Für die unterschiedlichen Arten und Größen der Bestecke gibt es jeweils ganz spezifische Verwendungszwecke.

Großes Besteck
(Tafelbesteck)
- **Löffel**
  - für Suppen mit grober Einlage, die in tiefen Tellern angerichtet werden
  - zum Vorlegen von Speisen, die geschöpft werden können (z. B. Erbsen, Karotten, Reis, Kartoffelpüree, Saucen)
- **Löffel und Gabel**
  - für selbständige Gerichte mit Spaghetti
  - als Vorlegebesteck für Speisen, die mit zwei Besteckteilen aufgegriffen werden müssen

- **Messer und Gabel**
  - für Hauptspeisen jeglicher Art, sofern das Schneiden erforderlich ist (siehe Fischbesteck als Alternative)

Mittelbesteck (Dessertbesteck)

- **Messer**
  - für das einfache Frühstück
  - für Torten und Butter auf dem Beiteller
- **Löffel**
  - für Suppen in zweihenkeligen Suppentassen
  - für bestimmte Frühstücksspeisen (z. B. Cornflakes, Porridge und Müsli)
- **Messer und Gabel**
  - für Vorspeisen und Zwischengerichte kleineren Volumens
  - für bestimmte Frühstücksspeisen (z. B. Wurst, Schinken, Käse, Melone)
  - für Käse als Nachspeise
- **Löffel und Gabel**
  - für bestimmte Teigwarengerichte (z. B. Ravioli, Cannelloni, Lasagne)
  - für Desserts, die auf Tellern angerichtet werden (z. B. Crêpes, Obstsalat, Parfait mit Früchten)

Merke:
- Im klassischen Service werden die Desserts als **Entremets** bezeichnet.
- Die Kombination von Mittellöffel und Mittelgabel heißt deshalb **Entremetsbesteck**.

Kleines Besteck

- **Löffel**
  - als Kaffeelöffel
  - für exotische Suppen in kleinen Spezialtassen
  - für cremige Speisen in Gläsern oder Schalen, sofern sie keine festen Bestandteile enthalten
  - für Quarkspeisen oder Joghurt zum Frühstück
- **Löffel und Gabel**
  - für Vorspeisen und Nachspeisen in Gläsern oder Schalen, die in kleingeschnittener Form feste Bestandteile enthalten (z. B. cremige Speisen mit Früchten, Früchte in Gelee, Obstsalat, Krabben- oder Gemüsecocktail)

Beachte: Neuerdings wendet sich der gepflegte Service von der Kombination **Kuchengabel – Kaffeelöffel** wieder ab und wählt folgende Möglichkeiten:
- Mittelgabel – Kaffeelöffel (z. B. für Geflügel- oder Rohkostcocktail)
- Fischgabel – Kaffeelöffel (z. B. für Cocktails oder Salate von Fisch sowie Schal- und Krustentieren)
- Mittelgabel – Mittellöffel als die ursprüngliche klassische Kombination

Suppengedecke

Großer Löffel	Mittellöffel	Kaffeelöffel
Suppenteller	Suppentasse	Spezial-Suppentasse

Durch das Hotel-Systembesteck werden die im Einsatz befindlichen Besteckarten und -formen reduziert.

Systembesteckauswahl

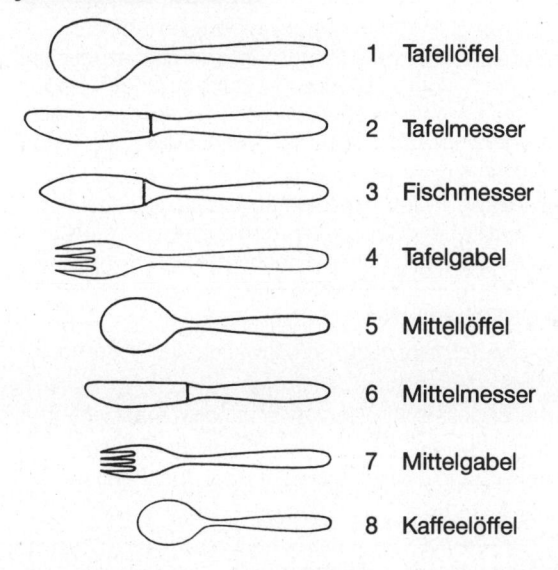

1 Tafellöffel
2 Tafelmesser
3 Fischmesser
4 Tafelgabel
5 Mittellöffel
6 Mittelmesser
7 Mittelgabel
8 Kaffeelöffel

In diesem Bestecksortiment sind Art und Größe der Bestecke so gewählt, daß sie in sehr verschiedenen Kombinationen und für verschiedenartige Zwecke verwendet werden können.

Beachte:
- Die Tafelgabel ist
  - einerseits so groß, daß sie für Hauptgerichte ausreicht und gleichzeitig auch für Vorspeisen und Desserts noch angemessen ist
  - andererseits so breit, daß sie auch als Fischgabel eingesetzt werden kann.
- Die Bestecke 5 bis 8 genügen, um Vorspeisen- und Dessertgedecke mit unterschiedlichen Volumen bzw. Größen durch jeweils entsprechende Kombinationen sachgerecht ausstatten zu können.

4. Arten und Einsatz von Spezialbestecken

Spezialbestecke sind Eß- oder Hilfsbestecke für Speisen besonderer Art.

Fischbesteck 
- das **Fischbesteck** ist **Eßbesteck** für Speisen von Fisch sowie Schal- und Krustentieren, sofern diese aufgrund ihrer Verarbeitung eine weiche Beschaffenheit haben und nicht geschnitten werden müssen. Zu Speisen aus Rohstoffen mit fester Beschaffenheit sind Messer und Gabel einzudecken, z. B.:
  – Marinierter, roher Fisch: Matjeshering, Bismarckhering und Rollmops
  – Geräucherter Fisch: Lachs, Aal und Forelle
  – Größere Stücke von Krustentieren: Hummer, Scampi
- wegen der zarten Beschaffenheit wird zu geräucherten Forellenfilets häufig das Fischbesteck verwendet

Hummergabel
Hummerzange 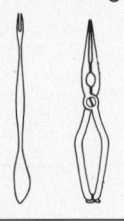
- die **Hummergabel** ist **Hilfsbesteck**, mit dessen Hilfe das Fleisch aus den Scheren und Beingliedern herausgezogen und auf den Teller vorgelegt wird. Voraussetzung ist jedoch, daß diese von seiten der Küche angebrochen bzw. aufgeschlagen sind. Das zugehörige Eßbesteck ist entweder das Fisch- oder das Mittelbesteck
- die **Hummerzange** ist ebenfalls **Hilfsbesteck**, das aber nur dann vom Gast benötigt wird, wenn die Krustentiere rustikal (unzerteilt und unaufgebrochen) angerichtet sind

Kaviarschaufel
Kaviarmesser 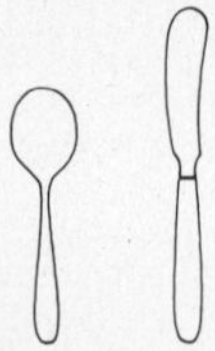
- beides sind **Hilfsbestecke**
- die Kaviarschaufel dient dazu, den Kaviar auf den Toast vorzulegen
- mit dem Kaviarmesser wird der Kaviar auf dem Toast verteilt

Beachte: Wegen der geschmacklichen Empfindlichkeit des Kaviars sind die Bestecke aus Horn oder Perlmutt.

Schneckenzange
- auch diese Bestecke sind **Hilfsbestecke**
- mit der Schneckenzange wird das Schneckenhaus aufgenommen und gehalten (linke Hand)
- die Schneckengabel dient dazu, die Schnecke aus dem Haus herauszunehmen und auf einen Löffel **(Eßbesteck)** vorzulegen; die Butter aus dem Haus wird dazugegossen

Schneckengabel

Merke:
- Werden die Schnecken in einer Schneckenpfanne serviert, ist lediglich ein Kaffeelöffel oder eine kleine Gabel einzudecken.
- Die Butter wird dann mit Brot aus den Vertiefungen herausgetunkt.

Austerngabel	• die Austerngabel ist **Eßbesteck**
	• mit ihrer Hilfe werden die frischen Austern aus der Schale herausgelöst
	Beachte: Nach origineller Art ist es üblich, die Austern aus der Schale herauszuschlürfen.
Spargelzange	• die Spargelzange ist **Eßbesteck** und dient dazu, den Spargel am hinteren Ende aufzugreifen
	• zum Hochheben am vorderen Ende benutzt man eine Gabel
	Beachte: Es ist auch üblich, den Spargel mit den Fingern aufzunehmen und zum Mund zu führen.

5. Pflegliches Behandeln von Bestecken

Bestecke müssen in ästhetisch einwandfreiem Zustand bleiben.

Dazu ist pflegliches Behandeln unerläßlich.

- **nicht verbiegen,** weder durch Unachtsamkeit noch aus Übermut
- **vorsichtig handhaben,** damit die Oberfläche nicht verkratzt wird

> Merke: Löffel und Gabeln sollten stets mit den Wölbungen ineinander und nicht gegeneinander liegen.

6. Handhabung der Bestecke im Service

Für das Handhaben und Tragen der Bestecke sind hygienische und ästhetische Gesichtspunkte maßgebend.

Richtlinien für das Handhaben	• das Greifen bei Aufnehmen am Servicetisch und beim Ablegen am Tisch erfolgt zwischen Daumen und Zeigefinger, und zwar an den schmalen Seitenflächen
	• das Berühren der nach oben gerichteten Sichtflächen ist unbedingt zu vermeiden
Richtlinien für das Tragen	• niemals in der **bloßen** Hand
	• beim Mise en place (ohne Anwesenheit von Gästen) ist das Tragen auf einer in der Hand liegenden Serviette erlaubt
	• Bei Anwesenheit von Gästen ist in jedem Fall entweder ein mit einer Serviette belegter Teller oder ein Tablett zu verwenden

B. Gläser

Qualitative Unterscheidung der Gläser

Die Qualität der Gläser ist vor allem von den verwendeten Rohstoffen abhängig.

Glas ist ein Schmelzprodukt aus verschiedenartigen Materialien. Je nach ihrer Zusammensetzung erhält man Gläser mit unterschiedlichen Eigenschaften.

Rohstoffe	• der Hauptbestandteil der Glasmasse (auch **Silikat** genannt) ist Quarz bzw. Quarzsand, der chemisch aus Kieselsäure besteht • als Beimischung verwendet man unterschiedliche Metalloxide, z. B. Natrium (Natron), Kalium (Kali), Magnesium und Blei
Gebrauchsgläser	• bei der Glasmasse handelt es sich dabei um Natronkalksilikat mit weniger guten Eigenschaften – nicht ganz rein und grobe Beschaffenheit • das daraus gewonnene **Natronglas** ist von geringerer Qualität – schwacher Glanz – spröde Struktur und erhöhte Bruchgefahr
Kristallgläser und Bleikristallgläser	• als Grundmasse verwendet man hier **Kalikalksilikat** bzw. **Kalibleisilikat**, die sich auszeichnen – durch besondere Reinheit – durch ihre weiche, geschmeidige Beschaffenheit • die Glasmasse ergibt Gläser mit hochwertigen Eigenschaften – durchscheinender und glänzender Glaskörper – glockenähnlicher Klang beim Anstoßen und geringere Bruchgefahr (bei entsprechender Behandlung)

Die Qualität der Gläser ist auch abhängig von der Art der Herstellung.
Man unterscheidet diesbezüglich Preßgläser und geblasene Gläser

Preßglas	• dazu wird geringerwertige Glasmasse (Natronglas) in Formen gepreßt und in der Form zum Erstarren gebracht (grober Vorgang mit entsprechender Auswirkung auf die Glasqualität) • daraus ergeben sich folgende Bewertungsmerkmale – dickwandig und Unebenheiten an der Oberfläche – dicke Abschlußränder, unschöne Preßnähte – unreiner Glaskörper, manchmal mit Blasen
Geblasene Gläser	• hochwertige Glasmasse wird in einer jeweils bestimmten Menge mit der sogenannten **Glaspfeife** aufgenommen • durch Blasen entsteht der Glashohlkörper mit hochwertigen Eigenschaften – dünnwandiger Glaskörper mit den unter dem Stichwort Kristallgläser genannten Qualitätsmerkmalen (siehe oben) – vielfältig und elegant, auf die unterschiedlichen Getränke abgestimmte Formen – frei von den bei Preßgläsern üblichen qualitätsmindernden Mängeln

2. Formen und Arten der Gläser

Formen und Arten der Gläser sind den unterschiedlichen Getränken angepaßt.
Als grundlegende Formen sind zu nennen:
- **Bechergläser**, die im allgemeinen für einfache Getränke verwendet werden, z. B. für Wasser, Bier, klare Spirituosen
- **Stielgläser**, die im Vergleich zu den Bechergläsern eleganter wirken und für hochwertigere Getränke bestimmt sind, z. B. für Wein, Schaumwein, Cognac, Liköre, Cocktails

Neben den Grundformen gibt es getränkespezifische Formen.

Getränke mit besonderen Duftstoffen
- typisches Getränkebeispiel ist der **Wein**
- der Kelch des Glases ist zum Rand hin verjüngt
- die Duftstoffe werden über der Glasöffnung zusammengeführt
- bei geöffnetem Kelch werden die Duftstoffe zerstreut

Beachte: Gläser mit geöffnetem Kelch sind für das Genießen von hochwertigen blumigen Weinen ungeeignet.

Burgunderglas   Schwenker

Getränke mit stark ausgeprägten Duftstoffen
- typische Getränke sind z. B. **Rotwein** und **Weinbrand**
- auch hier ist der Kelch zum Rand hin verjüngt
- außerdem ist er im Verhältnis zur eingefüllten Getränkemenge sehr groß
- für die Entfaltung der Duftstoffe steht viel freier Raum zur Verfügung

Merke:
- Bei hochwertigem Rotwein wird das Glas höchstens ⅓ bis ½ gefüllt.
- Bei Weinbrand ist die Füllmenge im Schwenker sehr gering.

Sektkelch   Sektschale

Getränke mit viel Kohlensäure
- typische Getränke sind **Schaumwein** und **Bier**
- das Glas hat eine schlanke, hohe Form
- die freiwerdende Kohlensäure ist aufsteigend auf einem langen Weg sichtbar

Beachte: Die niedrige und breite Sektschale ist unter dem Gesichtspunkt der optischen Wirkung der Kohlensäure ungeeignet.

Es gibt viele getränkespezifische Arten der Gläser.

Weingläser

| Sherryglas | Rheinweinglas | Moselweinglas | Römerglas | Bordeauxglas | Burgunderglas |

Beachte: Die abgebildeten Gläser „Bordeaux" und „Burgund" stellen die ursprünglichen Grundformen dar, von denen es in bezug auf Größe und Form heute viele Abwandlungen gibt.

Schaumweingläser

| Sektspitz | Flöte | Sektkelch |

Biergläser

| Becher | Tulpe | Kelch | Henkelglas | Berliner Weiße |

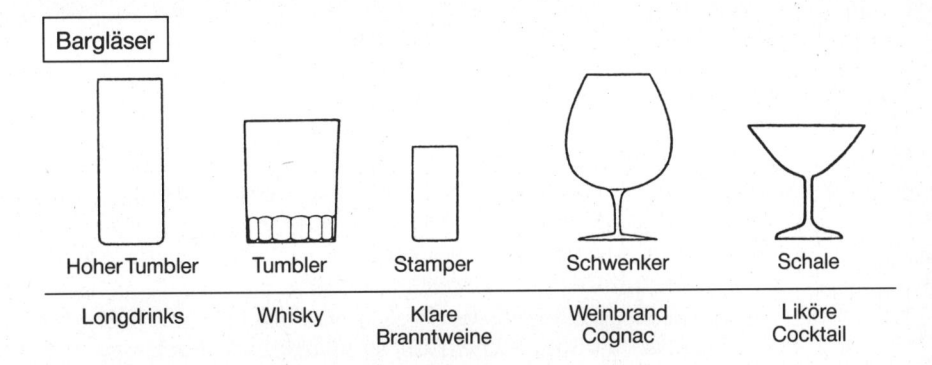

Bargläser				
Hoher Tumbler	Tumbler	Stamper	Schwenker	Schale
Longdrinks	Whisky	Klare Branntweine	Weinbrand Cognac	Liköre Cocktail

3. Reinigung und Pflege der Gläser

Bezüglich der Sauberkeit werden bei Gläsern höchste Anforderungen gestellt.

- Selbst Spuren von Schmutz (Fett, Staub, Spülmittelreste) fallen durch die Einwirkung des Lichtes besonders stark auf;
- sie haben bei hochwertigen und feinen Getränken negative Auswirkungen auf den Geschmack und das Bukett.
- Fettspuren an Biergläsern verhindern die Ausbildung der Schaumkrone oder zerstören diese nachträglich.

grundlegende Reinigung	• Gläser müssen nach jedem Gebrauch sehr sorgfältig gespült werden
	• besonders wichtig ist es, klebrige Rückstände intensiv aufzulösen, Fett abzulösen sowie beim Klarspülen auch die letzten Reste von Schmutz und Spülmitteln abzuspülen
Polieren und Nachpolieren	• Gläser werden nach dem Spülen mit nichtfasernden Tüchern trockengerieben und gleichzeitig poliert
	Beachte: Erst durch das Polieren erhalten sie ihren strahlenden Glanz, wobei der einwandfreie Zustand durch das Betrachten gegen eine Lichtquelle festgestellt wird.
	• Gläser werden bis zum nächsten Gebrauch mit der Öffnung nach unten in die Schränke einsortiert
	• Gläser sind vor dem Gebrauch nachzupolieren, denn es bleibt nicht aus, daß sie durch Fingerabdrücke, Staub und Dämpfe in der Zwischenzeit wieder verunreinigt werden
	Merke: • Das kurze Eintauchen in warmes Wasser oder das Drehen über Wasserdampf erleichtern das Nachpolieren.
	• Die Gläser dürfen beim Polieren zwischen den Händen nur locker gedreht bzw. gehalten werden, damit sie nicht zerbrechen.

4. Handhaben von Gläsern im Service

Für das Handhaben und Tragen von Gläsern sind hygienische und ästhetische Gesichtspunkte maßgebend.

Richtlinien für das Handhaben
- sowohl beim Mise en place als auch während des Service dürfen Gläser niemals im Trinkbereich angefaßt werden
- insbesondere ist zu vermeiden, in das Glas hineinzugreifen oder es von oben um den Rand herum zu erfassen, auch nicht beim Ausheben von geleerten Gläsern
- beim Aufnehmen sowie beim Einsetzen am Tisch sind Stielgläser am Stiel, Bechergläser am unteren Ende anzufassen
- Stielgläser können auch durch Unterschieben der Finger unter den Kelch erfaßt werden

Richtlinien für das Tragen
- im allgemeinen werden Gläser auf einem Tablett getragen, wobei die Anzahl so zu begrenzen ist, daß sie nicht aneinanderstoßen („klingeln")
- ein untergelegtes Tuch verhindert das Abrutschen
- lediglich Stielgläser dürfen ausnahmsweise beim Mise en place zwischen den Fingen getragen werden, bei Anwesenheit von Gästen aus optischen Gründen jedoch höchstens vier Gläser

Merke:
- Dem Gast darf unter gar keinen Umständen ein verschmutztes oder beschädigtes Glas vorgesetzt werden.
- Beschädigte Gläser sind sofort auszusortieren.

C. Porzellangeschirr

Das Ursprungsland der Porzellanherstellung ist China. Von dort haben es die Holländer im 13. Jahrhundert nach Europa eingeführt. Hier wurden daraufhin viele Versuche der Nachahmung unternommen, z. B. in Holland selbst (Delft), in Italien und später auch in Deutschland (Meißner Porzellan).

1. Unterschiedliche Eigenschaften des Porzellans

Die Unterschiede beziehen sich auf den Porzellankörper, auf Form und Dekor sowie auf die Glasur.

Porzellankörper
- je nach den verwendeten Rohstoffen (Zusammensetzung) und der Art des Brennen erhält man
  - weiches oder hartes Porzellan
  - feuerfestes oder nicht feuerfestes Porzellan

Form	• man unterscheidet dabei – gradlinige bzw. stapelbare Formen – individuell gestaltete, teilweise künstlerisch sehr hochwertige Formen
Dekor	• neben reinweißem und buntfarbenem gibt es Porzellan mit mehr oder weniger aufwendigem und unterschiedlichem Dekor – Randdekors in Form von Linien, Streifen und Bildmotiven (Monogramme oder Vignetten) – Flächendekors in Form von Blumen, Ranken und anderen Motiven – Auf- oder Unterglasurdekors, je nachdem, ob diese vor oder nach dem Glasieren aufgebracht werden
Glasur	• sie gibt dem Porzellan eine glatte, versiegelte Oberfläche • diese schützt vor dem Eindringen von Feuchtigkeit und erleichtert bzw. vereinfacht das Reinigen • je nach Material und Art des Brennens gibt es weiche und harte Glasuren

2. Auswahlkriterien für Hotelporzellan

Bei der Auswahl von Hotelporzellan sind verschiedene Gesichtspunkte zu beachten.

Eigenschaften	• angesichts der starken Inanspruchnahme gibt es hierbei ganz eindeutige Kriterien – **hartes Porzellan**, um Beschädigungen sowie Verluste durch Bruch niedrig zu halten – **harte Glasuren** sowie **Unterglasurdekors**, weil diese gegenüber den mechanischen Einwirkungen beim Essen und Spülen unempfindlich sind – **feuerfestes Geschirr**, das zum Garen und Überbacken und zum heißen Anrichten von Speisen unerläßlich ist
Form und Dekor	• für den täglichen Gebrauch werden stapelbare und deshalb raumsparende Formen sowie schlichte Dekors bevorzugt • für den anspruchsvolleren Service, insbesondere zu festlichen Anlässen, kann auf individuell gestaltete Formen sowie auf besondere Dekors nicht verzichtet werden

3. Arten und Einsatz von Porzellangeschirr

Überblick über das Porzellangeschirr

- **Kannen** und **Tassen** für Kaffee, Mokka, Tee und Schokolade
- **Suppentassen** in Form von zweihenkeligen Schwenktassen und einhenkeligen Spezialtassen
- **Teller** in unterschiedlichen Größen als tiefe und flache Teller

Darüber hinaus: Platten und Schüsseln (rund, oval und viereckig), Cocotten (rund und oval), Schalen in unterschiedlichen Größen, Saucieren und Sahnegießer

Verwendungszwecke für tiefe Teller:
- Suppen mit groben Einlagen (z. B. Gemüse, Hülsenfrüchte, Teigwaren, Reis oder Fisch) sowie Eintopfgerichte
- Spaghetti und andere Teigwarengerichte
- Frühstücksgerichte, wie Cornflakes, Porridge und Müsli

Verwendungszwecke für flache Teller:
Die Namen bzw. Bezeichnungen der Teller ergeben sich aus dem jeweiligen Verwendungszweck.

Platzteller	• große dekorative Teller, die den Gedeckplatz während des Essens ausfüllen und auf denen die Teller der Speisenfolge aufgesetzt werden
	• bereits beim Eindecken des Tisches bzw. der Tafel eingesetzt, werden sie frühestens nach dem Hauptgang wieder ausgehoben
	• damit der dekorative Rand sichtbar bleibt, sind Platzteller größer als die aufgesetzten Teller
aufgelegte Deckchen	• Deckchen schützen die Oberfläche des Tellers und sorgen für das geräuscharme Aufsetzen der Gedeckteile
Speisenteller	• das sind die Teller, auf denen Speisen entweder von der Küche angerichtet (Tellerservice) oder von der Bedienung am Tisch vorgelegt werden (Plattenservice)
	• die Größe richtet sich nach dem Flächenbedarf für die Speise

---

Beachte:
- Es gibt heute eine starke Tendenz, für das Servieren von Speisen möglichst große Teller zu verwenden.
- Aus optischen Gründen sollte jedoch darauf geachtet werden, daß die Größe des Tellers dem Volumen der Speise angemessen ist.

Verwendungszwecke für Speiseteller unterschiedlicher Größe:

große Teller mit **27 cm Ø** und mehr	• Tellergerichte, bei denen die gesamte Speisenmenge auf einmal angerichtet wird
	• Portionsfische (z. B. Forelle, Schleie, Seezunge, Scholle), für die insbesondere beim Zerlegen eine größere Fläche erforderlich ist
	• Stangenspargel
mittlere Teller mit **24 bis 25 cm Ø**	• Vorspeisen und Nachspeisen mit kleinerem Flächenbedarf
	• Hauptspeisen, die dem Gast am Tisch in maßvoll dosierter Menge vorgelegt und nachserviert werden
kleine Teller mit **19 bis 21 cm Ø**	• Frühstück
	• Brot, Gebäck, Salat

Beiteller	• stehen links bzw. halblinks vom Gedeck und dienen z. B. – als **Beigabenteller** für Toast und Butter, Brot oder Brötchen sowie Salat – als **Ablageteller** für Gräten, Knochen, Krustentierpanzer und andere nichtverzehrbare Speiseteile • die Größe richtet sich nach dem Verwendungszweck **Beachte:** Für größere Mengen einer Ablage (z. B. Muschelschalen) werden tiefe Teller eingesetzt.
Unterteller	• dienen zum Aufsetzen anderer Gedeckteile, erleichtern bzw. ermöglichen dadurch im Service das Tragen und geben dem Besteck darüber hinaus ein gefälliges Aussehen • ein Deckchen oder eine Serviette auf dem Unterteller verhindert das Rutschen und Klappern der aufgesetzten Teile • Kleinere Teller (15 bis 17 cm Ø) verwendet man für Marmeladen-, Butter- und Zuckerschalen, für Menagen, Saucieren, Eierbecher und Fingerschalen • Größere Teller mit jeweils angemessenem Durchmesser dienen zum Aufsetzen spezieller Gedeckteile: – Vorspeisen und Nachspeisen in Schalen oder Gläsern – Suppen in Schalen (Coupes) oder tiefen Tellern, – Suppengedecke, bestehend aus Suppenuntertasse und Tasse

4. Reinigung und Pflege des Porzellangeschirrs

Porzellangeschirr darf dem Gast nur in einwandfrei sauberem und poliertem Zustand vorgesetzt werden.

- Dabei ist insbesondere auch auf die Sauberkeit von Deckeln, Henkeln und der Unterseite von Böden zu achten.
- Vor dem Gebrauch ist das Porzellan zu überprüfen und nachzupolieren.
- Pflegliches Behandeln, insbesondere das sorgfältige Einordnen in die Spülmaschine, ist sehr wichtig, damit Bruch und Beschädigungen vermieden werden.

Beachte: Selbst geringfügige Beschädigungen machen das Geschirr für den Service unbrauchbar. Es ist deshalb unbedingt auszusortieren.

D. Sonstige Tisch- und Tafelgeräte

1. Menagen

Zu den Menagen gehört außer Salz und Pfeffer alles, was dem Gast zum ergänzenden Würzen der Speisen zur Verfügung gestellt wird
(siehe Übersicht in Verbindung mit den Pflegerichtlinien).

Menagen bedürfen einer regelmäßigen sorgfältigen Pflege.
Nach dem Gebrauch im Laufe eines Tages sind Menagen zwangsläufig nicht mehr in ganz hygienisch und ästhetisch einwandfreiem Zustand.

- An ihnen befinden sich viele Fingerabdrücke von den Gästen, die sie benutzt haben
- die Gefäße von feuchten bzw. flüssigen Würzmitteln sind beschmiert oder enthalten unschöne Verkrustungen
- bei Streuern kann durch verstopfte Löcher die Streuwirkung eingeschränkt sein
- Gefäße, die fast leer sind, machen einen „dürftigen" Eindruck

> Merke:
> - Die Pflege der Menagen ist ein wichtiger Bestandteil der täglichen Vorbereitungsarbeiten.
> - Ungepflegte Menagen sind für den Gast eine Zumutung.
> - Der kritische Betrachter ist geneigt, entsprechende Rückschlüsse auf die Sauberkeit der Küche zu ziehen.

Pflegemaßnahmen für Menagen:

Salz- und Pfefferstreuer	– Glaskörper feucht abwischen und polieren – verstopfte Löcher „öffnen" – u. U. auffüllen (wegen der besseren Streuwirkung höchstens ¾)
Pfeffermühlen	– trocken abwischen und auffüllen
Senftöpfe	– leeren, reinigen und wieder füllen – mit etwas Essig beträufeln, um das Austrocknen der Oberfläche zu verhindern
Essig- und Ölflaschen	– feucht abwischen und trockenreiben
Würzsaucen	– Flaschenverschluß und Flaschenmund reinigen – verschmierte und verkrustete Reste abwischen – Flaschen feucht abwischen und trockenreiben

Salz- und Pfefferstreuer sowie Essig- und Ölflaschen müssen in bestimmten zeitlichen Abständen intensiv aufbereitet werden.
Die Notwendigkeit ergibt sich aus dem Umstand, daß der Inhalt der Gefäße überaltert und verdirbt. Folgende Maßnahmen werden angewendet:

- Gefäße leeren, gründlich auswaschen und gut trocknen
- Streuer zu ¾ füllen, bei Salz außerdem Reiskörner dazugeben (sie binden Feuchtigkeit und sorgen auf diese Weise für die Streufähigkeit des Salzes)
- Essig und Öl frisch auffüllen

2. Tischgeräte ganz spezieller Art

Spezielle Geräte gibt es sowohl für den Speisen- als auch für den Getränkeservice.

Speisenservice
- Rechauds und Kloschen zum Warmhalten von Speisen
  - Kloschen (Hauben) dienen zum Überdecken von Platten und Tellern, damit die Speisen auf dem Weg zum Gast nicht abkühlen
- Tranchierbretter, Tranchierbestecke und Flambierrechauds für das Arbeiten am Tisch
- Fingerbowlen bzw. Fingerschalen zum Abspülen der Finger
  - Fingerbowlen, bestehend aus Unterteller, Serviette, Schale mit erwärmtem Wasser und Zitronenscheibe, werden zu Speisen eingesetzt, die beim Essen mit den Fingern angefaßt werden (z. B. Spargel, Krustentiere)

Getränkeservice
- Wein- und Sektkühler zum Kühlen der Getränke
- Tragekörbe und Dekantierkaraffe für das Servieren von Rotwein mit Depot (das Depot sind natürliche Ablagerungen in altem Rotwein)

Beachte: Das Depot in Rotwein darf nicht aufgerüttelt werden, weil es den Wein trüb macht. Um dies zu verhindern, gibt es zwei Möglichkeiten:
- die Flasche liegend vorsichtig im Flaschenkorb transportieren und auch beim Öffnen und Eingießen im Korb belassen,
- den Wein vor dem Eingießen aus der Flasche in eine sogenannte Dekantierkaraffe umfüllen und auf diese Weise vom Depot trennen (Dekantieren).

3. Blumen

Weil Blumen Freude wecken, werden sie auch zum Schmücken von Tischen und Festtafeln verwendet.

Aufmerksamkeit gegenüber dem Gast
- Blumen auf Tischen und Festtafeln schaffen eine freundliche Atmosphäre und wirken sich positiv auf die Stimmung aus
- ob als Einzelblüte (z. B. eine Rose) im Abendrestaurant, ob als schlichtes Sträußchen auf dem Frühstückstisch oder als dekoratives Gesteck auf der Festtafel, stets kommt dabei die besondere Aufmerksamkeit gegenüber dem Gast zum Ausdruck

Auswahl und Pflege der Blumen
- dazu sind einige Richtlinien zu beachten
- die Größe des Blumenarrangements muß dem Anlaß angemessen sein (Frühstück, Hochzeitstafel), wobei außerdem zu beachten ist, daß die Blumen
  - in Farbe und Größe aufeinander abgestimmt sind

- die Sicht zum gegenübersitzenden Gast nicht beeinträchtigen
- nicht über den Teller hängen oder das Glas berühren
- stark duftende und stark Blütenstaub abgebende Blumen sind ungeeignet
- zur Erhaltung der Frische ist es wichtig, die Blumen nachts in einem kühlen Raum aufzubewahren und sie am nächsten Morgen mit frischem Wasser zu versorgen. Bei Schnittblumen sind außerdem die Stiele zu kürzen und nicht mehr einwandfreie Blüten auszusortieren

4. Kerzen

Das gedämpfte und warme Licht von Kerzen schafft eine gemütliche und festliche Atmosphäre.

Überall im gepflegten Service werden deshalb Kerzen zu diesem Zweck eingesetzt,
- entweder als einzelnes Licht auf Tischen,
- oder als dekorative Leuchter auf Festtafeln.

In allen Fällen wird die festliche Stimmung auf besondere Weise unterstrichen.

Vorbereitungsarbeiten und allgemeine Regeln für den Service

Der Arbeitsrhythmus des Service ist durch zwei aufeinander folgende Arbeitsphasen gekennzeichnet:
- Vorbereitungsarbeiten im Hinblick auf die Mahlzeiten.
- Bedienen von Gästen während der Mahlzeiten.

Obwohl das Bedienen von Gästen zweifellos als die beruflich interessantere Arbeitsphase anzusehen ist, kommt den Vorbereitungsarbeiten eine ebenso große Bedeutung zu.

I. Vorbereitungsarbeiten

Die Vorbereitungsarbeiten nennt man **Mise en place**. Der Begriff kommt aus dem Französischen und hat, vom Zeitwort abgeleitet, nebenstehende Bedeutung.

mettre	– setzen, stellen, leben
mis, mise	– gesetzt, gestellt, gelegt
en	– an
la place	– der Platz
mise en place	– „an den Platz gestellt"

A. Überblick über die Vorbereitungsarbeiten

1. Vorbereitungsarbeiten im Office

Im Office werden Tisch- und Serviergeräte gereinigt, gepflegt und vorrätig gehalten.

Diese Arbeiten sind aus den vorangegangenen Abschnitten bereits bekannt.
Ergänzend ist auf folgendes hinzuweisen:
- Rechauds sind gründlich zu säubern und einsatzbereit zu machen:
  - bei Kerzenrechauds ist es wichtig, die Kerzen zu kontrollieren und u. U. zu ersetzen
  - Spiritusrechauds sind aufzufüllen, die Dochte auf einwandfreien Zustand hin zu prüfen, die Metallplatten gründlich zu reinigen
  - Rechaudbatterien müssen rechtzeitig in Betrieb gesetzt (angeheizt) werden
- Servierwagen sind ebenfalls zu säubern und einsatzbereit zu machen:
  - bei Flambierwagen müssen die Gasflaschen und die Gasbrenner kontrolliert werden
  - für das Tranchieren sind die Bretter und Bestecke in einwandfreiem Zustand bereitzustellen
- Gebrauchte Tischwäsche ist gegen frische einzutauschen.

2. Vorbereitungsarbeiten im Restaurant

Die Vorbereitungen im Restaurant sind einerseits auf den äußeren Rahmen, andererseits auf die Mahlzeiten ausgerichtet.

äußerer Rahmen
- Lüften, Staubwischen und Saugen
- Säubern von Tischen und Stühlen
- Austauschen von Tageszeitungen und Tagesspeisekarten
- Versorgen von Blumen und Pflanzen

Mahlzeiten
- Vorbereiten von Servicetischen
- Eindecken von Gasttischen
- Herrichten von Festtafeln

B. Vorbereiten von Servicetischen

Es gibt unterschiedliche Arten von Servicetischen:
- Servicestationen in Form von schrankartigen Möbeln,
- große, die auf den Service als Ganzes ausgerichtet sind,
- kleine (Guéridons), die bei Bedarf an den Tisch des Gastes herangestellt werden (siehe „Vorlegen von der Platte am Beistelltisch").

1. Servicestation

Die Servicestation enthält alle für den à la carte-Service erforderlichen Geräte und Materialien.

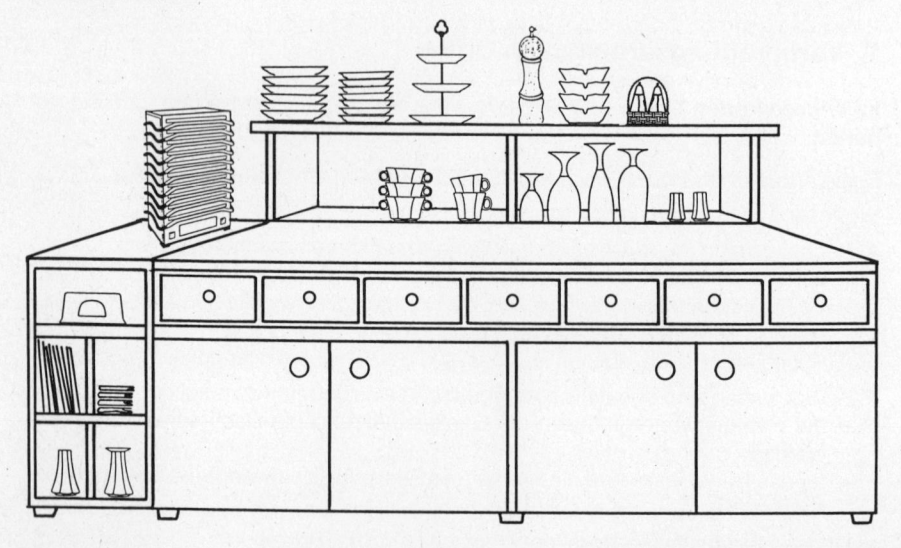

2. Große Servicetische

Servicetische sind vom Office her gesehen in das Restaurant vorgeschobene Arbeitsplätze.

Funktion der Tische	• die für den Service benötigten Tischgeräte befinden sich im Office
	• um während der Mahlzeiten weite Wege und langes Suchen zu vermeiden, werden im Restaurant Servicetische eingerichtet
	• auf ihnen sind die zu den Mahlzeiten benötigten Tischgeräte übersichtlich und griffbereit angeordnet
	Beachte: • In größeren Restaurants hat jede Station (Servicebereich) einen eigenen Servicetisch.
	• Dadurch bleibt der Gerätevorrat für die einzelne Station überschaubar und außerdem werden gegenseitige Störungen und Behinderungen vermieden.

Große Servicetische haben eine zweckorientierte Ausstattung und Flächeneinteilung.

Ausstattung	• es gibt Servicetische, die auf den gesamten à la carte-Service ausgerichtet sind und deshalb alle Tischgeräte und Materialien enthalten
	• es gibt aber auch solche, die ihrer jeweiligen Zweckbestimmung entsprechend unterschiedlich ausgestattet sind, z. B. für
	– Frühstück bzw. Hauptmahlzeiten
	– Sonderveranstaltungen und Festessen
Flächeneinteilung	• im Hinblick auf die Übersicht und den raschen sowie reibungslosen Service sind sie in drei Bereiche eingeteilt
	– der hintere Bereich für die größeren Tischgeräte
	– der mittlere Bereich für Bestecke (nach Art und Größe geordnet)
	– der vordere Bereich, der abgesehen von Tabletts frei ist, für letzte Handgriffe beim Service (z. B. Aufnehmen von Vorlegebestecken, Anlegen von Eßbestecken an Vorspeisen- oder Suppengedecke, Aufsetzen von Suppentassen auf vorbereitete Suppengedecke)
	• damit die Servicevorgänge störungsfrei ablaufen können, darf die freie Fläche nicht zum Abstellen von gebrauchtem Geschirr benutzt werden

Servicetisch

```
┌─────────────────────────────────────────────────────────────┐
│  [Teller]   [Menagen]   [Aschenbecher]  [Gläser]  [Tischtücher] │
│  [Teller]                               [Gläser]  [Servietten]  │
├─────────────────────────────────────────────────────────────┤
│  [Bestecke]                    [Vorlegebesteck]              │
│  (nach Art und Größe geordnet) (Löffel und Gabeln            │
│                                 kombiniert)                  │
├─────────────────────────────────────────────────────────────┤
│  [Tabletts]     [freie Fläche]                               │
│                                                              │
└─────────────────────────────────────────────────────────────┘
```

C. Eindecken von Tischen und Tafeln

Dem Vorbereiten von Gasttischen ist besondere Aufmerksamkeit zu schenken.

Es handelt sich um den Platz, an dem der Gast seine Mahlzeiten einnimmt, an dem er bedient und verwöhnt werden möchte, an dem er sich wohlfühlt und entspannen will.

Der Tisch darf nicht wackeln	• Tische, die wackeln, sind für den Gast eine unzumutbare Störung • sie müssen unter allen Umständen festgestellt werden, und zwar mit Hilfe einer Korkscheibe unter dem entsprechenden Tischbein **Merke:** • Bierdeckel und andere großflächige Materialien sind zum Feststellen von wackelnden Tischen nicht geeignet. • Die unter dem Tischbein herausschauende Unterlage ergibt ein unschönes Bild und macht einen unordentlichen Eindruck.
Der Tisch muß einladend wirken	• ein sauberes und sorgfältig ausgebreitetes Tischtuch • eine ansprechend geformte Serviette • ein ordnungsgemäß eingesetztes und ausgerichtetes Gedeck

1. Arten der Gedecke

Man unterscheidet Grundgedecke und Menügedecke.

Grundgedecke	• im täglichen à la carte-Service ist nicht bekannt, was die zu erwartenden Gäste im einzelnen trinken und essen werden

- damit aber der Gast nicht an einem ungedeckten „nackten" Tisch Platz nehmen muß, werden beim täglichen Mise en place sogenannte Grundgedecke oder Restaurantgedecke vorbereitet
- die Ausstattung der Grundgedecke richtet sich nach den Gepflogenheiten des Hauses bzw. den aus Erfahrung bekannten Verzehrsgewohnheiten der Gäste

Beispiele für Grundgedecke:

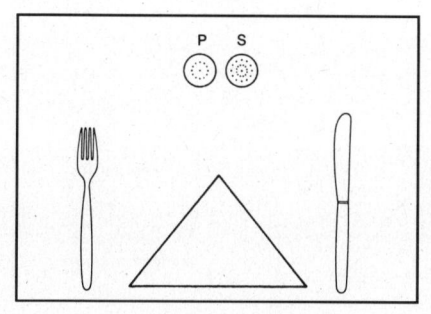

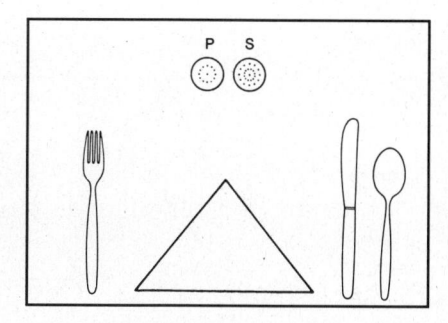

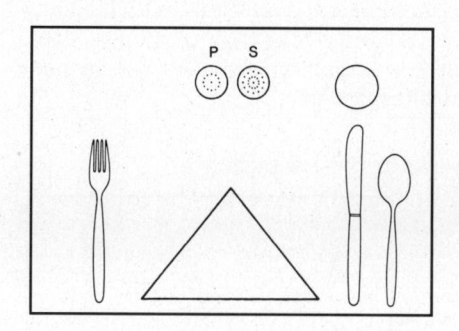

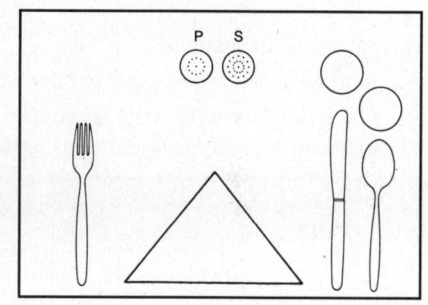

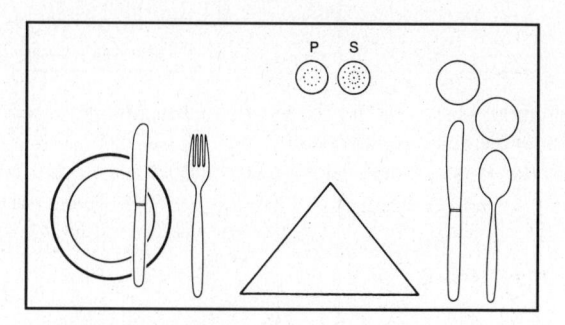

Menügedecke • stehen in Beziehung zu vorgegebenen Menüs, z. B. dem Menüangebot an Festtagen (Weihnachten, Silvester, Ostern) und zu besonderen Festessen (Banketten).

2. Herrichten von Gedecken

Weißwein

Rotwein

Sekt

*Räucherlachs
Toast und Butter*

*

Geflügelcremesuppe

*

Tournedos

*

*Aprikosen
mit Weinschaumsauce*

Ablauf des Eindeckens
- zuerst wird der Gedeckplatz mit der Serviette markiert
- es folgt das **Eindecken der Bestecke**
– großes Messer rechts und große Gabel links für den Hauptgang

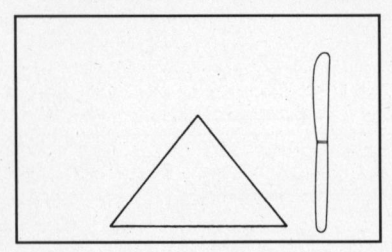

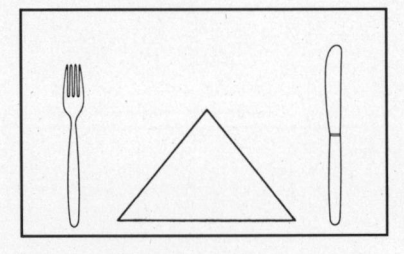

– dann nacheinander Mittellöffel für die Suppe rechts, Mittelmesser rechts und Mittelgabel links für die kalte Vorspeise
– abschließend das Besteck oberhalb des Gedeckplatzes für das Dessert

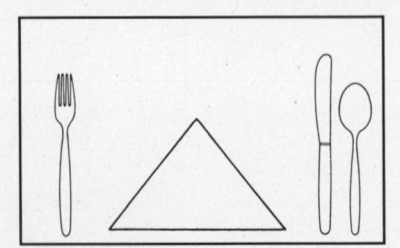

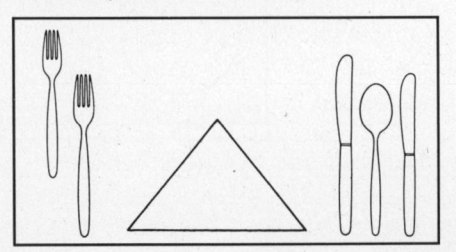

Beachte:
Die **Mittelgabel** liegt unmittelbar oberhalb des Gedeckplatzes, den Griff nach links gerichtet.
Der **Mittellöffel** liegt oberhalb der Gabel, den Griff nach rechts gerichtet.
Die **Lage der Griffe** deutet die Richtung an, in der die Bestecke vor dem Servieren des Desserts auf den Gedeckplatz heruntergenommen werden.

- nach dem Besteck folgt **das Einsetzen der Gläser**
  - zuerst das Richtglas, das oberhalb des Messers zum Hauptgang seinen Platz hat,
  - dann nacheinander das Glas zur kalten Vorspeise vor und das Glas zum Dessert hinter dem Richtglas

Beachte:
Die Gläser können als **diagonale Reihe** (siehe nebenstehende Abbildung) oder als **Block** angeordnet werden (siehe Menügedeck S. 135)

- das Eindecken des Beitellers ist der letzte Vorgang (siehe das komplette Gedeck am Anfang des Eindeckens)

Beachte:
Ein Messer, dessen Schneide nach links auszurichten ist, wird auf dem Beiteller nur dann aufgelegt, wenn es zum Toast oder zum Brötchen Butter gibt.

Beim Eindecken sind wichtige Regeln zu beachten.
Sie beziehen sich auf die Arbeitsfolge, bestimmte Abstände und Ausrichtungen sowie auf die Anzahl der Bestecke und Gläser.

Arbeitsfolge	• zuerst wird der Gedeckplatz mit Hilfe der Serviette markiert
	• daran schließt sich in folgender Reihenfolge das Eindecken an
	  – Bestecke rechts und links des Gedeckplatzes vom Hauptgang bis zur Vorspeise
	  – Bestecke oberhalb des Gedeckes für die Nachspeise
	  – Gläser
	  – als letztes der Beiteller

Abstände	• die Serviette sowie die Enden der Bestecke liegen alle (mit Ausnahme der vorgeschobenen zweiten Gabel) 1 cm von der Tischkante entfernt • die Bestecke für den Hauptgang müssen so weit auseinanderliegen, daß der größte einzusetzende Teller dazwischen Platz hat und das Besteck nicht überdeckt • die unmittelbar nebeneinander liegenden Bestecke dürfen des optischen Bildes wegen nicht zu dicht beieinander und nicht zu weit auseinander liegen
Ausrichtungen	• die Bestecke liegen im rechten Winkel zur Tischkante, exakt parallel zueinander • die Besteckenden befinden sich (mit Ausnahme der zweiten Gabel) alle auf einer Linie zur Tischkante

Anzahl der Bestecke	• im Menügedeck werden Bestecke für höchstens 5 Gänge eingedeckt
	  – rechts vom Gedeckplatz 4 Besteckteile (Kalte Vorspeise, Suppe, Warme Vorspeise, Hauptgericht)
	  – links vom Gedeckplatz 3 Besteckteile (Kalte Vorspeise, Warme Vorspeise, Hauptgericht)
	  – oberhalb des Gedeckplatzes 2 Besteckteile (als Kombination für die Nachspeise)
	Merke: Sollte das Menü mehr als 5 Gänge umfassen, dann sind die im Gedeck fehlenden Bestecke vor dem entsprechenden Gang im Rahmen der Speisenfolge nachzudecken bzw. nachzureichen.

Anzahl der Gläser	• im Menügedeck werden niemals mehr als 3 Gläser eingedeckt • sie stehen in diagonaler Reihe oder im Block **Merke:** Sollten in einem Menü mehr als 3 Getränke gereicht werden, sind die nicht eingedeckten Gläser jeweils vor dem Servieren des zugehörigen Getränkes einzusetzen

Beispiel für ein weiteres Menügedeck

Weißwein	Doppelte Kraftbrühe Toast
	*
	Seezungenfilets in Weißweinsauce
Weißwein	*
	Kalbsmedaillons
Rotwein	*
	Käseauswahl

Anmerkungen zum Gedeck:

Im Vergleich zum Menübeispiel auf Seite 132 ist festzustellen:

- Der Löffel liegt aufgrund der veränderten Speisenfolge außen
- die Besteckkombination oberhalb des Gedeckes besteht aus Mittelmesser und Mittelgabel, weil das Nachgericht aus Käse besteht (Schneiden erforderlich),
- die Gläser sind als Block angeordnet.

> Merke: Bei der Kombination Messer-Gabel oberhalb des Gedeckes ist folgende Anordnung zu beachten:
> - Das Messer liegt unmittelbar oberhalb des Gedeckplatzes, die Schneide zum Teller hin, der Griff nach rechts gerichtet.
> - Die Gabel liegt oberhalb des Messers, der Griff nach links gerichtet.
>
> Die Anordnung unterscheidet sich von der Kombination Löffel-Gabel.

3. Herrichten von Festtafeln

Dazu ist an dieser Stelle ergänzend nachzutragen:

Festlegen der Gedeckplätze
- Stühle unter Berücksichtigung von 70 bis 80 cm pro Gedeckplatz an die Tafel heranstellen und exakt ausrichten (sowohl seitlich als auch zur gegenüberliegenden Seite des Tisches)
- Gedeckplätze mit Hilfe der Servietten markieren
- Stühle auf dem linken hinteren Bein um 90° von der Tafel weg drehen, damit das Eindecken ohne Behinderung ausgeführt werden kann

Eindecken der
Bestecke und
Gläser

- das geschieht im Uhrzeigersinn nach den oben ausgeführten Regeln und Richtlinien
- besondere Aufmerksamkeit ist dabei bestimmten Ausrichtungen und Abständen zu schenken
  - Abstände von der Tischkante
  - Stellung der Teller und Richtgläser
  - Ausrichtung der Gläserreihen im Winkel von 45° zur Tischkante

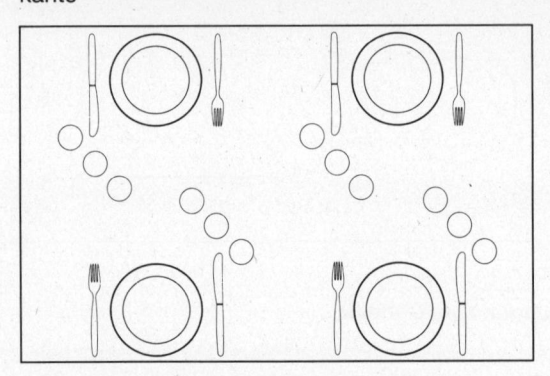

Abschließende
Arbeiten

- die geformten Servietten zwischen den Bestecken oder auf dem Platzteller eindecken
- den Kerzen- und Blumenschmuck einsetzen
- die Stühle an die Festtafel zurückdrehen

II. Allgemeine Begriffe und Richtlinien für den Service

Wie in anderen Berufen, haben sich im Laufe der Zeit auch für das Bedienen von Gästen grundlegende Begriffe und Arbeitsrichtlinien herauskristallisiert. Davon soll hier einiges angesprochen werden.

A. Arten und Methoden des Service

1. Arten des Service

Das Bedienen von Gästen kann sich in einem unterschiedlichen äußeren Rahmen vollziehen.

Table d'hôte-
Service

- wichtigstes Kennzeichen ist es dabei, daß für alle Gäste des Hauses zu einem festgelegten Zeitpunkt das gleiche Menü serviert wird

	• das Bedienen der nicht zusammengehörenden Gäste erfolgt an getrennten Tischen
Bankett-Service	• auch hierbei werden alle Gäste zu einem festgelegten Zeitpunkt mit dem gleichen Menü bedient • die Gäste sind aber eine zusammengehörende Gesellschaft, die das Essen gemeinsam an einer Festtafel einnimmt
à part-Service	• alle Gäste erhalten das gleiche Menü • den Zeitpunkt kann jedoch jeder Gast für sich im Rahmen einer festgelegten Zeitspanne bestimmen
à la carte-Service	• das, was der Gast zu essen wünscht, wählt er sich aus einer Speisekarte aus • er ißt à la carte (nach der Karte) und wird ganz individuell bedient

Buffet-Service	• Buffets sind Angebotsformen besonderer Art
	   – Frühstücksbuffet, Lunchbuffet, Kaltes Buffet
	   – Salatbuffet, Kuchenbuffet, Getränkebuffet
	• am Buffet bedient sich der Gast selbst nach eigenen Wünschen
	Beachte: • Beim Buffet-Service können zur Betreuung des Gastes aber auch Köche oder Bedienungskräfte bereitstehen.
	• Sie können folgende Aufgaben erfüllen:
	   – Beraten bei der Wahl einer Speise oder eines Getränkes
	   – Tranchieren und Vorlegen von Speisen
	   – Anbieten und Ausgeben von Getränken

2. Methoden des Service

Unter Methode versteht man die Art und Weise des Servierens.
Neben den grundlegenden Methoden „Tellerservice" und „Plattenservice" gehört dazu auch das „Servieren vom Wagen".

Tellerservice	• auch amerikanischer Service genannt; die Speisen werden hier von der Küche auf Tellern angerichtet
	• im weiteren Sinne gehören dazu aber auch folgende Speisen:
	   – Vorspeisen und Desserts in Gläsern oder Schalen
	   – Suppen in tiefen Tellern oder in Suppentassen

Plattenservice	• in diesem Fall werden die Speisen auf Platten, in weiterem Sinne auch in Schüsseln angerichtet und erst am Tisch auf Teller vorgelegt

- je nach der Art des Vorlegens unterscheidet man
  - „Einsetzen der Platte am Tisch" und „Anbieten von der Platte am Tisch" (in beiden Fällen legt sich der Gast die Speisen selber vor)
  - Vorlegen von der Platte unmittelbar am Tisch oder am Beistelltisch (das Vorlegen erfolgt hierbei durch die Bedienung)

Servieren vom Wagen	• die Speisen werden auf einem Wagen an den Tisch herangefahren und dort serviert
	  – eine bestimmte Art von Speisen (z.B. Vorspeisen, Salate, Dessert oder Kuchen)
	  – kleine einfache Speisenfolgen mit Suppe, Hauptgericht und Dessert
	  – Kaffee und Kuchen
	  – Getränke nach Wahl vor, während oder nach dem Essen
	• das Anrichten und Servieren der Speisen kann auf unterschiedliche Weise erfolgen
	  – auf Tellern bzw. in Schalen angerichtet, am Tisch lediglich eingesetzt
	  – auf Platten bzw. in Schüsseln angerichtet, am Tisch auf mitgeführte Teller bzw. in Schalen vorgelegt

B. Grundlegende Richtlinien für den Service

1. Rücksichtnahme gegenüber dem Gast

Lärm, Hektik und Belästigungen sollten möglichst vermieden werden.

Lärm	• die durch den Service bedingten Geräusche müssen auf ein Mindestmaß begrenzt bleiben • das gilt z.B. für das Sprechen der Bedienung mit dem Gast und den Abgabestellen sowie für das Handhaben der Tischgeräte beim Servieren
Hektik	• bei aller Eile, die während des Service geboten ist und die sich auch automatisch einstellt, ist es wichtig, Ruhe zu bewahren • niemals „laufen" bzw. „rennen" und nicht heftig herumgestikulieren

Belästigungen	• jegliche Arten solcher Störungen müssen vermieden werden, z.B.
	  – das beharrliche Aussprechen von Empfehlungen
	  – eine schlechte Arbeitshaltung oder Nichtbeachten sachgerechter Arbeitstechniken beim Bedienen am Tisch
	  – aber auch übertriebene Aufmerksamkeit

2. Störungsfreie und kräftesparende Wege

Während des anstrengenden Service ist es für die Bedienung wichtig, sich störungsfrei zu bewegen und mit den Kräften sparsam umzugehen.

Im einzelnen heißt das:
- Auf den „Verkehrswegen" immer rechts gehen,
- bei den Bedienungsabläufen stets vorwärtsgehen und niemals plötzlich stehenbleiben oder die Richtung ändern,
- möglichst keinen Weg im „Leerlauf" zurücklegen

> Merke: Zwischen den Abgabestellen, dem Servicetisch und den Tischen der Gäste gibt es immer etwas zu transportieren.

III. Richtlinien für den Teller- und Plattenservice

Das Servieren von Speisen vollzieht sich unter den aufmerksamen und kritischen Blicken des Gastes. Aus sachlichen sowie aus optischen und ästhetischen Gründen ist es deshalb wichtig, die Regeln für den Speisenservice genau zu kennen.

A. Tellerservice

Es geht hier um das Aufnehmen und Tragen sowie um das Einsetzen und Ausheben der Teller. Die Hände haben dabei wichtige Funktionen zu erfüllen.
- Die **rechte Hand** ist die **Arbeitshand** mit den Funktionen
  - Aufnehmen der Teller an der Abgabestelle oder am Servicetisch
  - Übergeben der Teller in die linke Hand
  - Einsetzen und Ausheben der Teller am Tisch
- Die **linke Hand** ist die **Tragehand**

> Beachte: Bei Linkshändern sind die Funktionen der Hände umgekehrt.

1. Aufnehmen und Tragen der Teller

Beim Tragen der Teller gibt es verschiedene Methoden.

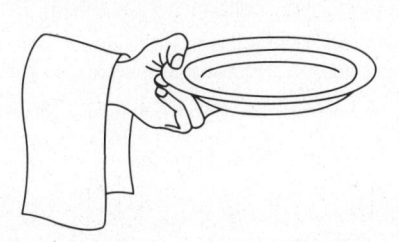

ein Teller
- den Teller zwischen dem Zeigefinger und dem Daumen halten und mit den übrigen Fingern unterstützen
- dabei liegt der Daumen angewinkelt auf dem Rand des Tellers (er darf nicht in den Teller hineinragen)
- der Teller ist der **Handteller**

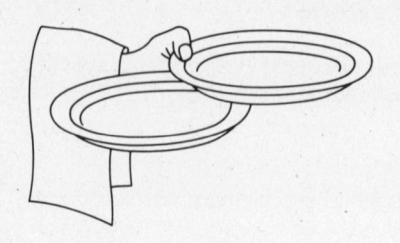

zwei Teller mit Untergriff

- den ersten Teller als Handteller aufnehmen
- den zweiten Teller unter dem Handteller bis an den Zeigefinger heranschieben
- der Teller ist der **Unterteller**
- den Unterteller mit den restlichen, fächerartig gespreizten Fingern unterstützen

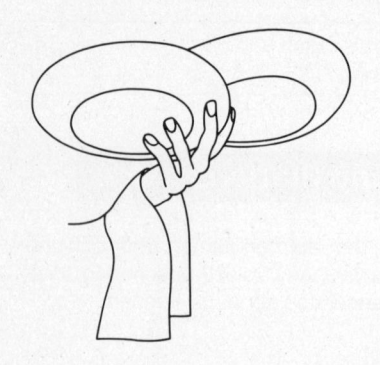

zwei Teller mit Obergriff

- den ersten Teller als Handteller aufnehmen und die Hand leicht einwärts drehen
- den zweiten Teller auf den Handballen, den Unterarm und die seitlich hochgestellten Finger aufsetzen
- der Teller ist der **Oberteller**

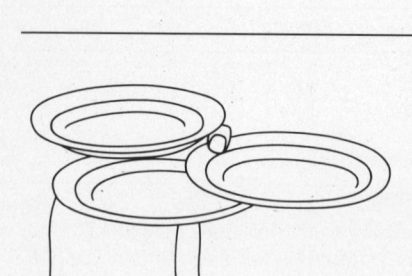

drei Teller

- den ersten Teller als Handteller aufnehmen, den zweiten als Unterteller unterschieben
- das Handgelenk nach innen abwinkeln
- den dritten Teller auf den Rand des Untertellers und den Unterarm aufsetzen

2. Einsetzen von Tellern

Beim Einsetzen von Tellern sind die Bewegungsrichtung und die Laufrichtung zu beachten.

Bewegungsrichtung
- der jeweilige Teller wird in die rechte Hand übernommen und **von der rechten Seite des Gastes** eingesetzt
- das entspricht der natürlichen Bewegungsrichtung des angewinkelten Armes, der den Teller im Bogen um den Gast herumführt und diesen nicht belästigt (vergleiche dies mit dem denkbaren Einsetzen von links)

Merke: Für die Bewegungsrichtung beim Einsetzen gibt es Ausnahmen:
- Linkshänder müssen, um den Gast nicht zu belästigen, von der linken Seite einsetzen.
- Für den Rechtshänder gilt dies beim Einsetzen von Beitellern, die ihren Platz links vom Gedeck haben (z.B. Brot- und Salatteller).
- Ausnahmen gibt es immer auch dann, wenn die Platzverhältnisse das Einsetzen von rechts nicht zulassen

---

Laufrichtung
- angesichts der Forderung „vorwärts zu gehen" ist die Laufrichtung **von rechts nach links** (Uhrzeigersinn)
- gegen den Uhrzeigersinn zu gehen ist umständlich

Merke: Auch bezüglich der Laufrichtung gibt es Ausnahmen:
- An der Festtafel im Bereich der Ehrengäste, wo von der Mitte ausgehend nach beiden Seiten serviert wird,
- aber auch dann, wenn bei einem bestimmten Gang an der ganzen Festtafel ein grundsätzlicher Richtungswechsel festgelegt wird (damit das Bedienen nicht zu jedem Gang bei den selben Gästen beginnt).

---

3. Ausheben von Tellern

Von Linkshändern und möglichen Ausnahmen abgesehen, gelten für das Ausheben die gleichen Regeln wie für das Einsetzen.
- Ausheben von der rechten Seite des Gastes.
- Weitergehen von rechts nach links im Uhrzeigersinn.

Beim Ausheben wird im allgemeinen nach der Methode „zwei Teller mit Obergriff" gearbeitet.
- den ersten Teller als Handteller aufnehmen und das Besteck auf ihm ordnen
  - die Gabel so ausrichten, daß sie am Griffende mit dem Daumen gehalten werden kann

  Beachte: Durch diesen Haltepunkt wird die gesamte Besteckablage gesichert und das Abrutschen verhindert.
  - das Messer im rechten Winkel unter die Wölbung der Gabel schieben
- den zweiten Teller als Oberteller aufnehmen und das Besteck auf den Handteller ablegen
- die weiteren Teller auf den Oberteller aufsetzen und das Besteck jeweils der Besteckablage auf dem Handteller zuordnen

Merke:
- Das Ausheben der Teller darf nicht wie ein „protziger Kraftakt" aussehen.
- Im gepflegten Service werden deshalb höchstens 4 Teller aufgenommen.

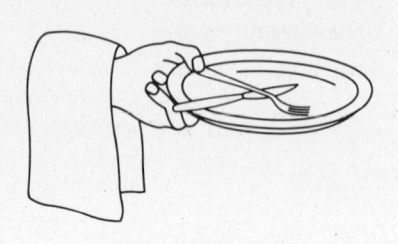

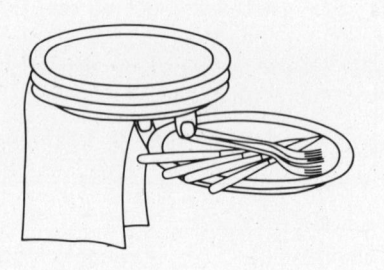

In Verbindung mit Speiseresten wird auch die Methode „drei Teller mit Unter- und Obergriff" angewendet.
- bleiben auf Tellern nur geringe Mengen Speisenreste zurück, können diese in Verbindung mit der Methode „zwei Teller mit Obergriff" abgeräumt werden
- die Reste sind dabei auf den Handteller neben die Besteckablage zu schieben
- bei größeren Mengen von Speiseresten ist die Methode „drei Teller" üblich
  - der Handteller dient zur Ablage der Bestecke
  - die Speisenreste werden jeweils mit dem Messer auf den Unterteller abgeschoben (dazu aus dem Blickfeld des Gastes abwenden)
  - der Oberteller dient zum Aufnehmen der weiteren Teller

Beachte: Bei sehr großen Mengen von Speiseresten ist es ratsam, die Teller wie beim Einsetzen mit Unter- und Obergriff aufzunehmen und das Sortieren der Bestecke und der Reste im Office vorzunehmen.

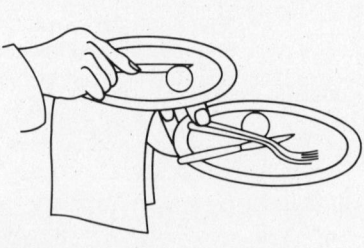

4. Tragen und Einsetzen von Gedecken

Unter Gedeck versteht man die Kombination aus Unterteller und aufgesetztem Gedeckteil.

Gedecke	• ihre Vorbereitung erfolgt in der Regel bereits beim Mise en place, weil dafür während der Mahlzeiten keine Zeit ist
	• Beispiele für vorbereitete Gedecke:
	– für Suppe in Tassen: Unterteller mit Piccolo-Serviette oder Deckchen und Suppenuntertasse
	– für Vorspeisen und Desserts in Gläschen oder Schalen: Unterteller mit Piccolo-Serviette oder Deckchen
Aufnehmen Tragen Einsetzen	• die von der Küche kommenden Speisen werden auf die vorbereiteten Unterteller aufgesetzt und wie folgt serviert:
	– mit der linken Hand „zwei Gedecke mit Untergriff", mit der rechten Hand „ein drittes Gedeck" aufnehmen
	– von der rechten Seite des Gastes einsetzen
	– von rechts nach links fortschreiten (wie beim Tellerservice)
Ausheben	• es ist möglich und auch üblich, wie beim Einsetzen aufzunehmen und abzutragen
	• andererseits ist es möglich, die Gedecke bereits beim Ausheben zu ordnen
	• Suppengedecke
	– das erste Gedeck als Handgedeck aufnehmen
	– das zweite Gedeck unterschieben
	– die Tasse und den Löffel des Handgedecks auf das Untergedeck übernehmen
	– das dritte Gedeck auf das Handgedeck aufsetzen und den Löffel auf dem Untergedeck ablegen
	• Vorspeisen- und Dessertgedecke mit Schalen
	– das erste Gedeck als Handgedeck aufnehmen
	– das zweite Gedeck unterschieben und die Dessertschale auf das Handgedeck übernehmen
	– den Löffel des Handgedecks auf den Unterteller ablegen
	– das dritte Gedeck als Obergedeck aufnehmen, die Schale auf das Handgedeck und den Löffel auf den Unterteller übernehmen
	– das vierte Gedeck auf das Obergedeck aufsetzen und den Löffel auf dem Unterteller ablegen

B. Plattenservice

Unter Plattenservice versteht man vor allem das Vorlegen der Speisen durch die Bedienung. Darüber hinaus gibt es unter folgenden Bezeichnungen jedoch Abwandlungen:

Russischer Service	• die Platten zur Selbstbedienung durch den Gast am Tisch einsetzen
Französischer Service (Rundservice)	• die Platten am Tisch zur Selbstbedienung durch den Gast anbieten oder von den Platten durch die Bedienung vorlegen
Englischer Service	• von den Platten am Beistelltisch vorlegen

1. Grundlegende Besonderheiten beim Plattenservice

Die Besonderheiten kommen in den Begriffen „Rechauds", „vorgewärmte Teller" und „Vorlegebesteck" zum Ausdruck.

Rechauds	• beim Plattenservice wird die gesamte Speisenmenge im allgemeinen nicht auf einmal vorgelegt • damit die restlichen Speisen nicht abkühlen, sind auf dem Tisch oder dem Beistelltisch in angemessener Anzahl Rechauds bereitzustellen
vorgewärmte Teller	• sie müssen noch vor dem Auftragen der Platten am Beistelltisch oder unmittelbar auf dem Tisch eingesetzt werden • das Tragen erfolgt bei kleineren Mengen auf der mit einer Serviette bedeckten Hand • bei größeren Mengen wird der Stapel von oben mit einer Serviette überdeckt und zwischen beiden Händen getragen
Vorlegebesteck	• es darf keine Platte oder Schüssel zum Tisch gebracht werden, ohne daß vorher ein Vorlegebesteck aufgenommen wurde

besondere Arbeitsrichtlinien	• sind beim Plattenservice die Beilagen getrennt vom Hauptbestandteil einer Speise angerichtet und steht für das Servieren der Beilagen keine zusätzliche Bedienung zur Verfügung, dann gilt:
	  – vor dem Servieren der Hauptplatte sind die Beilagen beim ersten Gast einzusetzen, damit dieser mit dem Selbstbedienen beginnen und die Schüsseln dann weiterreichen kann
	  – andernfalls müssen die Gäste zu lange warten und die Speisen werden kalt

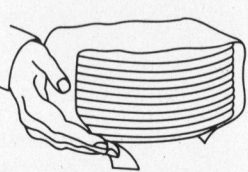

2. Anbieten von der Platte am Tisch

Beim Anbieten der Platte am Tisch bedient sich der Gast selber.
Dabei sind wichtige Arbeitsrichtlinien zu beachten.

Das Anbieten erfolgt **von der linken Seite des Gastes.**
(Die Platte liegt auf der linken Hand.)

> Vor dem Anbieten der Speisen muß die Platte jedoch allen Gästen präsentiert werden.

- durch die natürliche Bewegungsrichtung des Armes wird die Platte um den Gast herumgeführt und dieser nicht belästigt
- das Anbieten von links kommt gleichzeitig der Bewegungsrichtung des Gastes entgegen, die beim Selbstbedienen von der rechten Hand her nach links orientiert ist
- außerdem stehen auf der rechten Seite die Gläser im Weg
  Vergleiche dazu die Umständlichkeiten beim Anbieten von der rechten Seite

---

- Die Platte wird durch Beugen des Oberkörpers auf Tischhöhe gebracht und zum Gast hin leicht geneigt.
- Der Gast kann die Platte gut überschauen und sich ohne Anstrengung selbst bedienen

---

- Die Hand unter der Platte darf nicht auf den Tisch aufgelegt werden.
- das würde einer korrekten Arbeitshaltung widersprechen

- Der Plattenrand soll den Tellerrand ein wenig überragen.
- auf diese Weise wird verhindert, daß Speisenteile beim Vorlegen auf den Tisch fallen

---

- Das Vorlegebesteck ist mit dem Griffende zum Gast hin anzurichten.
- der Gast muß das Besteck leicht erreichen und aufnehmen können

---

- Das Fortschreiten der Bedienung erfolgt **gegen den Uhrzeigersinn von links nach rechts.**
- das entspricht einem natürlichen, störungsfreien Vorwärtsgehen
  Vergleiche dazu das umständliche Umdrehen bei Laufrichtung von rechts nach links

3. Vorlegen von der Platte am Tisch

Für das Vorlegen der Speisen durch die Bedienung sind Arbeitsrichtlinien ganz besonderer Art zu beachten.

grundlegende Richtlinien
- es gelten zunächst die gleichen Richtlinien wie beim Anbieten von der Platte
- das Bedienen von der linken Seite wird noch dadurch unterstrichen, daß die vorlegende Hand von der Platte zum Teller nur einen kurzen Weg zurückzulegen hat (von rechts ist das Vorlegen gar nicht möglich)

Halten des Vorlegebestecks	• das Besteck ist während des gesamten Bedienungsablaufs über der Platte zu halten
	• Speisenteile dürfen weder auf den Tisch oder die Kleidung des Gastes noch auf den Boden fallen

Beim Vorlegen werden je nach Beschaffenheit der Speise unterschiedliche Griffe angewendet.

Als Vorlegebesteck dienen der große Löffel und die große Gabel.

allgemein üblicher Griff	• die Wölbungen von Löffel und Gabel liegen ineinander
	• Handhabung: – den Löffel absenken und unter die Speise schieben – die Speise zwischen Löffel und Gabel greifen und aufnehmen
	• Jus, Sauce und kleinere Garniturbestandteile werden hier bei gleichzeitigem Abspreizen der Gabel (siehe gespreizten Griff) mit dem Löffel geschöpft
Zangengriff	• die Wölbung von Löffel und Gabel liegen gegeneinander
	• Handhabung: – die Hand um 90° nach links drehen – die Speisen seitlich greifen und aufnehmen
	• Anwendung: – Speisen, die leicht abrutschen können (z. B. Tomaten) – Speisen, die wegen der Garnitur seitlich gegriffen werden (z. B. Medaillons, Pastetchen)
gespreizter Griff	• die Wölbungen von Löffel und Gabel sind nach unten gerichtet
	• Handhabung: – die beiden Bestecke mit dem Daumen auseinanderspreizen – vorsichtig unter die Speise schieben und diese aufheben
	• Anwendung: – Speisen, die großflächig oder besonders lang sind bzw. leicht zerdrückt werden können (z. B. Spargel, Fisch) – Speisen, die mit feinen Garnituren belegt sind (z. B. Artischockenböden)

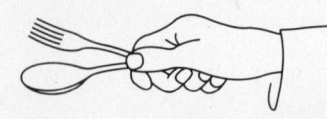

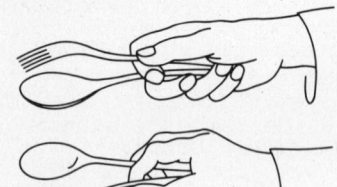

Beim Vorlegen muß eine bestimmte Reihenfolge und eine bestimmte Plazierung auf dem Teller des Gastes eingehalten werden.

Die **Reihenfolge** beim Vorlegen ist die gleiche wie die Reihenfolge bei der Aufstellung eines Gerichts auf der Speisekarte bzw. eines Ganges auf der Menükarte.
1. Hauptbestandteil als Namengeber, einschließlich Garnitur
2. Sauce, oft in der Garnitur enthalten bzw. zum Fleisch / Fisch gehörend
3. Gemüse als Vitamin- und Mineralstoffträger, 1 bis 3 Sorten
4. Sättigungsbeilage: Kartoffeln, Reis, Teigwaren
5. Salat, als kalte Beilage à part angerichtet
   Der Salat kann auch vorweg, als allererstes, also noch vor dem warmen Teller links des Couverts eingesetzt werden; es gibt viele Gäste, die diesen Salat vorweg essen.

Die **Plazierung** auf dem Teller ergibt sich aus der Reihenfolge.

zu 1. Hauptbestandteil
- Der Hauptbestandteil liegt vor dem Gast, auf dem vorderen Teil des Tellers.

zu 2. Sauce, Jus, Buttermischung
- Wenn die Sauce unmittelbar zum Hauptbestandteil gehört, z. B. beim Schmorbraten, wird sie auf das Fleisch nappiert.
- Wenn sie eine selbständige Sauce ist, d. h. das Fleisch ist trocken und die Sauce ist à part, z. B. eine Béarnaise, dann wird sie auf das linke Drittel des Fleisches nappiert; also an die Stelle, wo der Gast ißt.
- Eine Buttermischung, z. B. Kräuterbutter, kommt auf die Mitte des Fleisches, damit sie dort zerläuft und sich auf dem Fleisch ausbreitet.
- Eine Jus, die nicht unbedingt zur Garnitur gehört, wird dem Gast als letztes, also nach der Sättigungsbeilage angeboten.

zu 3. und 4. Beilagen
- Die Beilagen werden hinter den Hauptbestandteil gelegt, „beigelegt".
- Es wird links mit dem Gemüse begonnen
  – bei mehreren Gemüsen in einer farblich abwechselnden Reihenfolge.
- Den Abschluß bildet rechts die Sättigungsbeilage[1]
  – dadurch wird vermieden, daß fritierte Kartoffeln bedeckt werden.

Da die Küche[2] nach den gleichen Prinzipien verfährt, entstehen auf Platten und Tellern folgende Bilder:

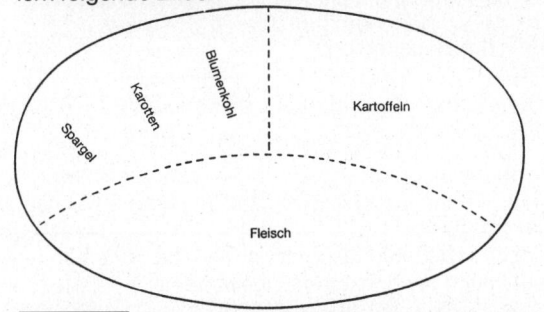

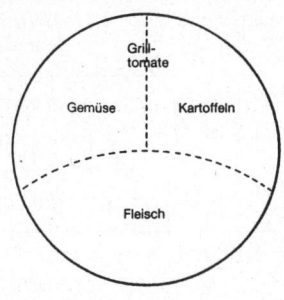

---

[1] Die Internationale Küchen- und Serviermeistervereinigung ist allerdings der Auffassung, die Ergänzungsbeilagen (z. B. Gemüse) seien rechts und die Sättigungsbeilagen (z. B. Kartoffeln, Reis) links auf der Platte und auf dem Teller anzuordnen.
[2] Der Verband der Köche Deutschlands (VKD) hat in seinen Richtlinien für die Beurteilung und Bewertung von Schauplatten und Schautellern schriftlich festgelegt: Das Gemüse liegt links, die Sättigungsbeilage rechts.

Sicherlich ist dies kein Dogma. Die folgenden Fakten sollen diese Anordnung begründen, die Vorteile aufzeigen und den Beweis der Richtigkeit erbringen.

- Das vom Gast in der rechten Hand gehaltene Messer kann keinesfalls dazu herangezogen werden, die Anordnung der Beilagen zu beeinflussen oder gar zu bestimmen.
  - Das Messer dient beim Essen als Schieber, um die Speise auf die Gabel zu bringen.
  - Es dient auch zum Schneiden des Fleisches (!: Fisch wird nicht geschnitten → Fischmesser).
  - Es dient nicht zum Schneiden der Beilagen, denn sonst könnte der Gast mit dem Fischmesser nicht essen.
  - Es ist auch nicht notwendig, Beilagen zu schneiden: Sie sind entweder von Natur aus mit der Gabel zu beherrschen (Karotten, Erbsen, Bohnenkerne; Reis, Püree) oder von der Küche in entsprechende Größe und Form gebracht worden (Julienne, Brunoise, Paysanne, natürliche Bruchstücke wie Blumenkohl).
- Der Gast ißt mit der Gabel, also mit der linken Hand.
- Der Gast ißt auf dem vorderen linken Teil des Tellers.
- Das Gemüse hat einen höheren Stellenwert als die Sättigungsbeilage; es wird dort plaziert, wo der Gast ißt: links.
- Die Sättigungsbeilage liegt nicht nur folgerichtig, sondern auch durch die eigene Natur rechts.
- Die Sättigungsbeilage verändert ihre Lage nicht,
  - auch dann nicht, wenn Salat an die Stelle des Gemüses tritt,
  - auch dann nicht, wenn es eine Kalte Beilage anstelle des Gemüses gibt,
  - auch nicht bei einem Kalten Teller,
  - auch nicht auf abgeteilten Platten der Gemeinschaftsverpflegung.

Und aus Sicht des Kellners:
Für den mit der rechten Hand vorlegenden Kellner ist es bedeutend leichter, links zu beginnen und das nächste jeweils von rechts anzulegen.

4. Vorlegen von der Platte am Beistelltisch

Die Bezeichnung „Englischer Service" hat ihren Ursprung in den Tischgewohnheiten der englischen Familie.

Tischgewohnheiten der Engländer	• das Bedienen der Familienmitglieder mit Speisen erfolgt entweder durch das Familienoberhaupt oder (in größerem Rahmen) durch das Hauspersonal
Englischer Service	• er wird vom Beistelltisch (Guéridon) aus durchgeführt • es handelt sich um ein besonders gepflegtes Service • da die Gäste den Bedienungsablauf mitverfolgen sollen, ist er nur bei kleineren Personenzahl sinnvoll (bis 6, höchst. 8 Personen)

Beachte:
- Aufgrund des Mangels an Bedienungspersonal wird das Vorlegen am Beistelltisch heute auch bei Banketten angewendet.
- Das hat jedoch mit „Englischem Service" nichts zu tun, denn nicht alle Gäste können die Vorgänge am Servicetisch mitverfolgen.

Der Beistelltisch ist entweder ein stationärer Tisch oder ein transportabler Tisch.
- Stationäre Tische stehen grundsätzlich immer beim Gasttisch.
- Transportable Tische werden erst bei Bedarf an den Tisch des Gastes herangestellt. Dabei ist es wichtig, die Stellung in bezug auf den Gasttisch so zu wählen, daß alle Gäste die Bedienungsvorgänge problemlos mitverfolgen können.

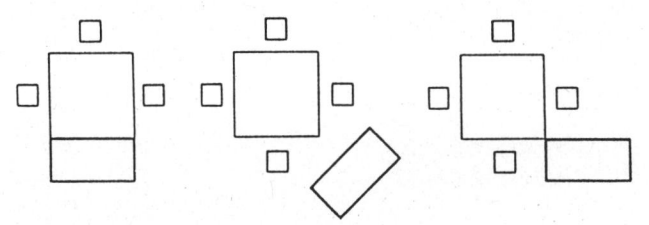

Dem Guéridon-Service geht ein kleines Mise en place voraus.

Mise en place
- auf dem Beistelltisch sind vor dem Auftragen der Speisen bereitzustellen:
  - ein Rechaud, bei getrennt angerichteten Speisen u. U. zwei Rechauds
  - Vorlegebesteck
  - unmittelbar vor dem Auftragen der Platte die vorgewärmten Teller

Servieren der Speisen
- vor dem Abstellen auf das Rechaud sind den Gästen die Speisen zu **präsentieren**
- für den anschließenden Bedienungsvorgang ist zu beachten:
  - die Wünsche der Gäste beachten (u. U. erfragen)
  - zum Vorlegen der Speisen beide Hände benutzen
  - die Speisen sachgerecht auf dem Teller anrichten
  - den Teller nicht überladen
  - Sauce oder Jus (noch über der Platte) unter dem Löffel mit der Gabel abstreifen, damit sie beim Vorlegen nicht vorbeitropft
  - Teller von der rechten Seite des Gastes einsetzen
  - beim Bedienen die Reihenfolge beachten: Damen, Herren, Gastgeber
- für den Nachservice gibt es zwei Möglichkeiten
  - werden die Speisen für alle Gäste nochmals komplett vorgelegt, ist es üblich, benutzte Teller einschließl. Besteck auszuheben, frisches Besteck einzudecken und zum Vorlegen frische heiße Teller zu verwenden
  - wünschen Gäste nur noch einen Teil des Gerichtes (z. B. etwas Gemüse oder Sauce), so wird das Nachservieren von der Platte bzw. aus der Sauciere am Tisch durchgeführt

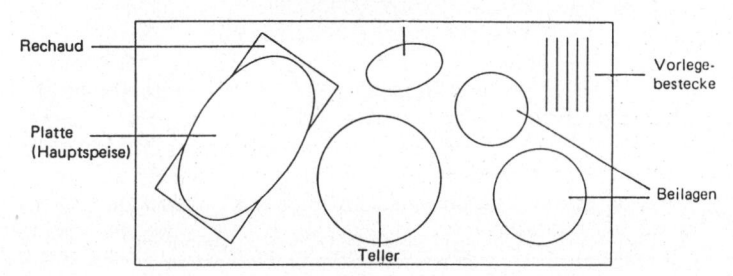

Frühstücks-, Bankett- und Buffetservice

Frühstück und Bankett sind zwei besondere Arten von Mahlzeiten.
- Das Frühstück ist die erste Mahlzeit des Tages.
- Bankette sind Hauptmahlzeiten, die zu einem festlichen Anlaß und in jeweils angemessenem Rahmen durchgeführt werden.

I. Frühstücksservice

A. Arten und Angebotsformen des Frühstücks

Die Art des Frühstücks ergibt sich vor allem aus den Verzehrsgewohnheiten der Gäste. Man muß dabei zwischen den traditionellen (klassischen) und den heutigen Frühstücksgewohnheiten unterscheiden.

1. Klassische Arten des Frühstücks

Zu den klassischen Arten des Frühstücks gehören das kontinentale und das englische Frühstück.

Kontinentales Frühstück	• es handelt sich um die auf dem europäischen Kontinent ursprüngliche Angebotsform des Frühstücks
	• das Angebot ist sehr bescheiden:
	  – Brötchen und/oder Brot
	  – Butter, Marmelade und Honig
	  – Kaffee, aber auch Tee, Kakao oder Schokolade

Englisches Frühstück	• das englische Frühstück gilt als das reichhaltigste
	• neben Tee (aber auch Kaffee oder Kakao) gibt es ein reichhaltiges Speisenangebot:
	  – Obst- und Gemüsesäfte – Speck, Schinken und Frühstückswürstchen
	  – Porridge (Haferflockenbrei)
	  – Toast (bevorzugtes Gebäck) – kleine Grillgerichte von Hammel und Kalb
	  – Marmelade (Orangenmarmelade)
	  – Butter – Obst (im allgemeinen als Kompott)
	  – Fisch- und Eierspeisen

> **Merke:**
> - In Verbindung mit Getreideprodukten, den sogenannten Cereals (z. B. Cornflakes, Puffreis und geschrotetes Getreide), hat sich die Bezeichnung „englisch-amerikanisches Frühstück" entwickelt.
> - Die Cereals sind Lieblingsspeisen vieler Amerikaner.

2. Heutige Angebotsformen des Frühstücks

Neben dem einfachen Frühstück gibt es heute das Angebot à la carte und das Frühstücksbuffet.

einfaches und erweitertes Frühstück	• das ganz einfache kontinentale Frühstück wird auch heute noch gereicht (z. B. im Hotel garni)
	• mit dem wachsenden Wohlstand nach dem Zweiten Weltkrieg und den damit verbundenen höheren Ansprüchen wurde dieses Frühstück stufenweise zu einem etwas erweiterten Frühstück ergänzt:
	   – ein gekochtes Ei
	   – in bescheidenen Mengen Wurst und/oder Käse

Frühstücksergänzungen nach der Karte	• manche Gäste wollen ihr Frühstück noch vielseitiger gestalten
	• mit dem Angebot einer Frühstückskarte wird diesem Bedürfnis entsprochen:
	   – frisches Obst sowie Obst- und Gemüsesäfte
	   – Eierspeisen sowie Wurst und Schinken
	   – Milch, Milcherzeugnisse und Käse
	Merke: Die „à la carte" bestellten Speisen werden dem Gast gesondert in Rechnung gestellt

Frühstücksbuffet	• es handelt sich dabei um ein sehr reichhaltiges Angebot
	• von geringfügigen Abweichungen abgesehen, werden auf dem Buffet alle zum Frühstück üblichen Speisen angeboten
	• es gibt eine Reihe von Gründen, weshalb sich das Frühstücksbuffet nach anfänglichen Schwierigkeiten inzwischen allgemein durchgesetzt hat:
	   – der stark angewachsene Wohlstand und die mit ihm gewachsenen Bedürfnisse
	   – der internationale Reiseverkehr und die unterschiedlichen Verzehrsgewohnheiten der Gäste
	   – der Mangel an Bedienungsfachkräften
	   – das leichtere Erfassen der Kosten sowie die vereinfachte Preisgestaltung
	   – die Verringerung des Arbeitsaufwandes beim Frühstücken

nationale Frühstücksgewohnheiten bzw. -angebote	• Holländisches Frühstück: Zwieback und Kuchen, Milcherzeugnisse, Eierspeisen und kalter Braten • Skandinavisches Frühstück: Verschiedene warme und kalte Fischgerichte, als Gebäck besonders Knäckebrot in verschiedenen Sorten • Schweizer Frühstück: Milcherzeugnisse, insbesondere Käse sowie Müsli

Beispiel einer Frühstückskarte

Frühstück complet

Portion Kaffee, Tee, Schokolade oder Milch, 1 gekochtes Ei, Butter, Konfitüre, Brötchen, Frühstückskäse und Wurst

*

2 Spiegeleier oder
  Rühreier natur   DM ......
2 Spiegeleier oder Rühreier mit Speck, Schinken oder Grillwürstchen   DM ......
1 Omelette mit Schinken   DM ......
1 gekochtes Ei   DM ......

*

1 Glas Orangensaft natur   DM ......
1 Glas Grapefruitsaft natur   DM ......
1 Glas Tomatensaft   DM ......
1 Glas Gemüsesaft   DM ......

*

1 Glas frische Milch   DM ......
1 Glas Buttermilch   DM ......

1 Portion Salami   DM ......
1 Portion Schinken
  roh oder gekocht   DM ......

Käse nach Wahl

Schweizerkäse, Gouda, Brie oder Camembert   DM ......
1 Portion Kräuterquark   DM ......
1 Portion Haferflocken
  (Porridge)   DM ......
1 Portion Cornflakes   DM ......

*

1 Becher Joghurt   DM ......
1 Becher Früchte-Joghurt   DM ......

*

½ Grapefruit   DM ......
½ Melone natur   DM ......

Unsere Preise enthalten Bedienung und Mehrwertsteuer

B. Frühstücksservice

1. Mise en place zum Frühstück auf dem Servicetisch

Für das einfache kontinentale Frühstück ist auch die Ausstattung des Servicetisches einfach.

- Mittelteller und Kaffeeuntertassen
- Mittelmesser und Kaffeelöffel
- Aschenbecher und Servietten
- Tischabfallbehälter, wegen der großen Abfallmenge, die durch die vielfältigen Portionspackungen entsteht

Zum erweiterten Frühstück nach der Karte ist der Servicetisch mit vielfältigem Gerät zu ergänzen.

Speisen à la carte	Ergänzungen auf dem Servicetisch
• gekochte Eier	– Unterteller, Eierbecher und Eierlöffel – Pfeffer- und Salzmenagen
• Wurst und Käse • gekochter Schinken • roher Schinken	– Mittelgabeln und Vorlegebestecke – Pfeffer- und Salzmenagen – zusätzlich Pfeffermühlen
• Spiegeleier • Rühreier	– Mittelgabeln und Mittelmesser – Pfeffer- und Salzmenagen
• Porridge • Cornflakes und Müsli	– Unterteller und Mittellöffel – Karaffen mit Milch, Zuckerstreuer
• Joghurt und Quarkspeisen	– Unterteller und Kaffeelöffel
• Milch und Buttermilch • Obst- und Gemüsesäfte • Tomatensaft	– Unterteller – Milchbecher und Saftgläser – ergänzend Pfeffermühlen und Rührlöffel
• Grapefruit	– Unterteller – Kaffee- oder Grapefruitlöffel – Zuckerstreuer
• Melone	– Mittelgabeln und Mittelmesser
• Tee	– Zitronenpressen, Unter- und Ablageteller – brauner Zucker oder Kandiszucker

Beachte: Die Angaben zu den Ergänzungen auf dem Servicetisch sind auch im Hinblick auf das „Tisch-Mise en place" während des Frühstücks von Bedeutung und zu beachten.

Servicetisch

Teller	Kaffee-	Menagen	Zucker	Gläser	Karaffen
Teller	unter-tassen	Eierbecher	Aschenb.	Gläser	Gläser

Großes Besteck	Mittel-besteck	Kaffee-löffel	Eierlöffel	Tischtücher
			Vorlegebesteck	Servietten

Tabletts	freie Fläche

Bei den Frühstücksgedecken unterscheidet man das einfache und das erweiterte Frühstücksgedeck.

einfaches Frühstücks-gedeck
- entsprechend dem einfachen kontinentalen Frühstück werden eingedeckt
  - Mittelteller mit Serviette
  - Mittelmesser
  - Kaffeeuntertasse mit Kaffeelöffel

Merke: Die Kaffeetasse befindet sich zum Vorwärmen im Rechaud und wird erst zusammen mit dem Getränk zum Tisch gebracht.

erweitertes Frühstücks-gedeck
- wird zum Frühstück Wurst und Käse gereicht, ist das Gedeck zum erweiterten Gedeck zu ergänzen
  - Mittelteller mit Serviette
  - Mittelmesser und **Mittelgabel**
  - Kaffeeuntertasse mit Kaffeelöffel
  - **Salz-** und **Pfeffermenage**

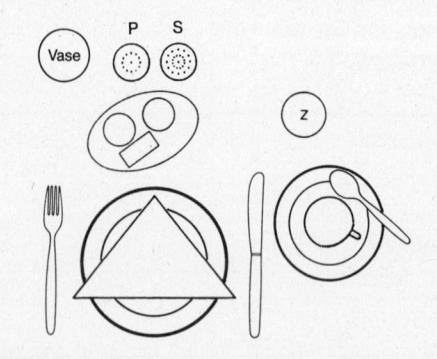

Ergänzungen am Morgen
- sie werden noch vor dem Eintreffen der ersten Gäste ausgeführt
  - Marmelade und Honig sowie Zucker und Süßstoff, auf kleinen Tellern angerichtet
  - kleine Vasen mit Blumen

2. Servieren des Frühstücks

Beim einfachen Frühstück kann mit dem Servieren begonnen werden, sobald der Gast seinen Getränkewunsch bekanntgegeben hat.

- Einsetzen von Gebäck und Butter, unter Umständen die kleine Wurst- oder Käseplatte, zu der das Vorlegebesteck nicht vergessen werden darf
- Servieren des Getränks einschließlich der vorgewärmten Tasse sowie der Sahne oder der Milch

Beachte: Bei der Anordnung der Frühstücksbestandteile auf dem Tisch sind bestimmte Zuordnungen üblich:

   Gebäck – Butter – Marmelade Zucker – Milch – Getränk

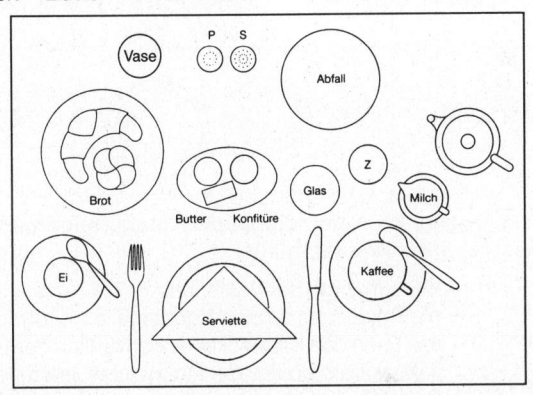

Beim erweiterten Frühstück nach der Karte ist meistens ergänzend ein Tisch-Mise en place erforderlich.

Dabei ist zu unterscheiden zwischen Ergänzungen, die außerhalb des Gedeckplatzes erfolgen, und solchen, für die der Gedeckplatz freigemacht werden muß. Zuerst sind jedoch die von der Küche bereitgestellten Speisen oder Getränke am Servicetisch je nachdem mit Unterteller, Besteck, Menagen oder anderem Tischgerät zu vervollständigen bzw. der Gedeckplatz am Tisch umzugestalten.

außerhalb des Gedeckplatzes werden z. B. eingesetzt	• das gekochte Ei (ein Eierbecher, auf einem Unterteller, mit Eierlöffel) • Wurst, Schinken oder Käse (auf einer Platte, mit Vorlegebesteck) • Joghurt und Quark (auf einem Unterteller, mit Kaffeelöffel) • Milch (auf einem Unterteller) und Säfte
der Gedeckplatz ist freizumachen für	• Eierspeisen (Rührei und Spiegeleier) • Getreidespeisen (Porridge, Cornflakes und Müsli) • Obst (Grapefruit und Melone)

Beispiele für erweiterte Frühstücksgedecke

Spiegeleier mit Schinken

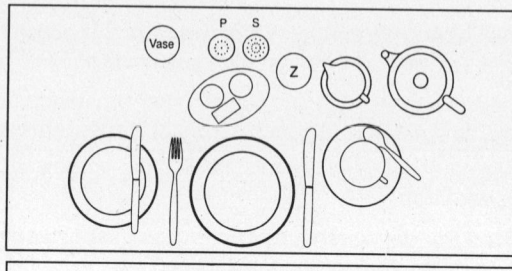

Porridge oder Cornflakes

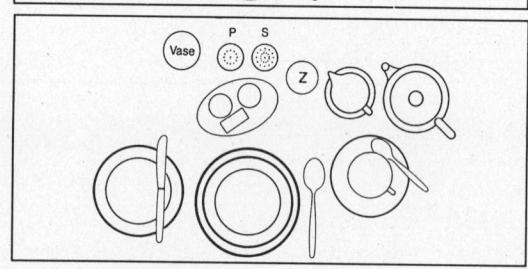

Bei Zusatzbestellungen, zu denen der Gedeckplatz freigemacht werden muß, gibt es einen festgelegten Arbeitsablauf.

Vorbereitung
- nach Aufnahme der Bestellung
  - die Bestellung an die Abgabestelle weiterreichen
  - am Tisch den Mittelteller einschließlich dem Messer nach links außerhalb des Gedeckplatzes umstellen (Stellung wie Beiteller)
  - das für die bestellte Speise erforderliche Besteck eindecken sowie die zugehörigen Menagen einsetzen
  - die Speise servieren

Nachbereitung
- nachdem der Gast die Speise verzehrt hat
  - den Speiseteller mit dem Besteck ausheben
  - den Mittelteller mit dem Messer auf den Gedeckplatz zurückstellen

3. Frühstück auf der Etage

Der Frühstücksservice auf der Etage ist sehr aufwendig und bedarf deshalb einer besonders guten Vorbereitung und Organisation.

Mise en place
- am Vorabend werden bereits Einer- und Zweierplateaus vorbereitet, die wie folgt ausgestattet sind
  - Plateautuch
  - Mittelteller mit Serviette
  - Mittelmesser, Untertasse und Kaffeelöffel
  - Schälchen mit Zucker und Süßstoff

Frühstücksbe-stellung	• dem Gast wird in seinem Zimmer täglich eine Bestelliste zur Verfügung gestellt
	• am Abend trägt er in diese Liste seine Wünsche ein und hängt sie außen an die Zimmertür
Frühstücks-dienst auf der Etage	• am frühen Morgen sammelt der Etagendienst die Bestellisten ein
	• anhand der Bestellungen ist für das Servieren des Frühstücks eine Kontrolliste zu erstellen, die folgende Angaben enthält: – Zimmernummern und die jeweils zugehörige Zeitangabe für das Servieren des Frühstücks – Spalten für die Vermerke „Frühstück serviert" und „Frühstücksgeschirr abgeräumt"
	• ist der Zeitpunkt des Servierens herangekommen, wird das Plateau vervollständigt und zum Zimmer gebracht – Gebäck, Butter, Marmelade – vorgewärmte Tasse und das Getränk
Verhalten gegen-über dem Gast	• am Zimmer anklopfen und das „Herein" abwarten
	• im Zimmer ist folgendes zu beachten – ein höfliches „Guten Morgen" ist selbstverständlich – ausschweifendes Reden der Bedienung sollte unterbleiben, weil es vom Gast im allgemeinen als störend empfunden wird – auch sonst sind Zurückhaltung und äußerste Diskretion geboten

II. Bankettservice

Bankette sind Sonderveranstaltungen, bei denen ein festliches Menü im Mittelpunkt steht. Von den Absprachen mit dem Auftraggeber bis hin zur fachgerechten Durchführung sind eine ganze Reihe organisatorische Maßnahmen zu beachten.

A. Bankettvereinbarung

Die Bankettvereinbarung enthält alle mit dem Auftraggeber besprochenen Details.
Unter diesem Gesichtspunkt ist sie in vielfacher Hinsicht von Bedeutung:
- Grundlage für die Vorbereitung und Durchführung des Banketts sowie für eventuelle Rückfragen und Klarstellungen.
- Grundlage für das Abrechnen mit dem Besteller.

Schulhotel München   **Bankettvereinbarung**

Veranstalter: *Fa. Müller & Co.*   Wochentag: *Mittwoch*
Besteller: *Frau Bertram*   Datum: *15. 11. 19..*
Rechnungsanschrift: *Hofgartenstraße 17-19, 8001 Inndorf*
angenommen am: *31. 10. 19..*   durch: *Reinhold Michel*

Personenzahl: *32*   Raum: *Paris*   Tafelform: *U-Form*
Beginn: *13:00*   Ende: *15:00*

Getränke

Aperitif:
Sekt, Orangensaft, Sektcocktail

zum Essen:
Erdener Treppchen, trocken
Rüdesheimer Bischofsberg, halbtrocken
Sekt

nach dem Essen:
Mokka, Cognac, Cremelikör

Menü

Geräuchertes Forellenfilet
Sahnemeerrettich
Toast und Butter
*
Klare Ochsenschwanzsuppe
mit altem Sherry
*
Kalbsmedaillons
Béarner Sauce
Spargel, Erbsen, Karotten
Dauphinekartoffeln
*
Birne Helene

Bemerkungen: *Jubiläum des Hauptgeschäftsführers Domes*
Tischreden nach der kalten Vorspeise und nach dem Hauptgang

Menükarten: *werden vom Haus bereitgestellt*
Blumen: *Bodenvase, 3 Tischgestecke* Kerzen:
Lautsprecheranlage:
Fotograf: Uhrzeit:
Musik, Tanz: Art der Bezahlung:
Gema, Tanzerlaubnis:
Garderobe:

Kopien an:
Küche   ☒
Restaurant ☒
Empfang   ☒
Technik   ☐

Datum: *31. 10. 19..*   Unterschrift: *Bertram*

B. Vorbereitung des Banketts

1. Information

Alle betroffenen Abteilungen erhalten eine Kopie der Bankettvereinbarungen.
- Sie informiert über den Zeitpunkt und die Inhalte der Veranstaltung.
- Sie ist die Basis, von der die Abteilungen ihre Arbeitsbeiträge ableiten.

2. Erstellen eines Tafelorientierungsplans

Der Tafelorientierungsplan ergibt sich aus dem Aufbau der Festtafel.
Er ist, wie die nachfolgenden Aufzeichnungen zeigen, einerseits eine Orientierungshilfe für die Gäste und andererseits für das Bedienungspersonal.

Grundlagen
- aus der Bankettvereinbarung erhält der Service obenstehende Informationen

> – Anzahl der Personen: 32
> – Tafelform: U-Form

- darüber hinaus teilt der Veranstalter mit:

> – Unter den Gästen befinden sich 8 Ehrengäste
> – Eine namentliche Liste enthält die Reihenfolge für die Sitzordnung

Aufbau der Festtafel
- aufgrund der Informationen ergibt sich für die Festtafel folgende Übersicht

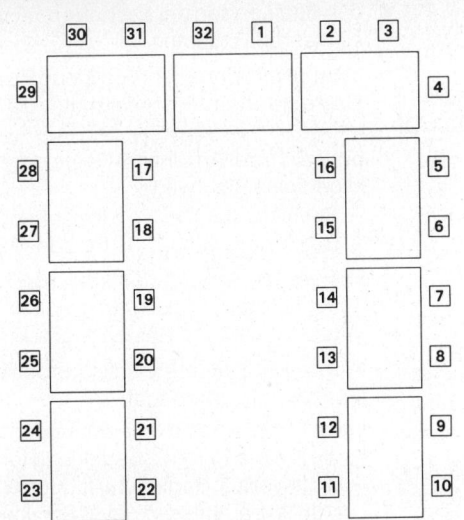

Der Tafelorientierungsplan informiert die Gäste über ihren Platz an der Festtafel.

- Zu diesem Zweck wird der Übersicht über die Festtafel eine Gästeliste zugeordnet, die für die Gäste gut erkennbar am Eingang aufzuhängen ist.
- Obwohl man bei kleineren Veranstaltungen im allgemeinen die Platzzuweisungen mit Hilfe von Tischkärtchen regelt, soll für unser Bankett beispielhaft die Gästeliste angedeutet werden.

Gästeliste	
Name des Gastes	Platz-Nr. an der Tafel
Frau Domes	32
Herr Domes	1
Herr Reimann	2
Frau Rosenbach	3
Herr Dahlberg	4
Herr Ahrend	31
Frau Brunner	30
Herr Lehmann	29
Frau Seibert	5
Herr Neumann	6
Herr Rudolf	7
Frau Prange	8
Frau Liberti	9
usw.	

Zur Orientierung des Bedienungspersonals wird die Festtafel in Servicebereiche eingeteilt.

Zweck	• das Bedienen an der Festtafel muß reibungslos und optisch einwandfrei ablaufen
	• dazu ist es erforderlich, daß jede Bedienung weiß, für welche Gäste sie an der Festtafel zuständig ist
Richtwerte	• bezüglich der Anzahl der Gäste pro Bedienung gibt es folgende allgemeine Richtwerte: – Speisenservice: 8 Personen (Gäste) – Getränkeservice: 10 Personen (Gäste)
	• im Bereich der Ehrengäste wird der einzelnen Bedienung zugunsten eines aufmerksameren Service meistens eine geringere Anzahl von Gästen zugeteilt
	• in unserem Bankettbeispiel werden die Servicebereiche sehr großzügig bedacht. Jedem Bereich sind 3 Bedienungen zugeordnet: – die jeweils 1. und 2. Bedienung für den Speisenservice – die jeweils 3. Bedienung für den Getränkeservice und zur Mithilfe bei aufwendigeren Serviceabläufen im Speisenservice

Service-bereich	Bedienungs-Nr.	Name der Bedienungen
I	1	Anton
	2	Berta
	3	Cäsar
II	4	Dora
	5	Emil
	6	Friedrich
III	7	Gustav
	8	Heinrich
	9	Ingrid
IV	10	Jürgen
	11	Konrad
	12	Ludwig
V	13	Martin
	14	Nora
	15	Otto
VI	16	Paula
	17	Richard
	18	Siegfried

Servicebereiche an der Festtafel

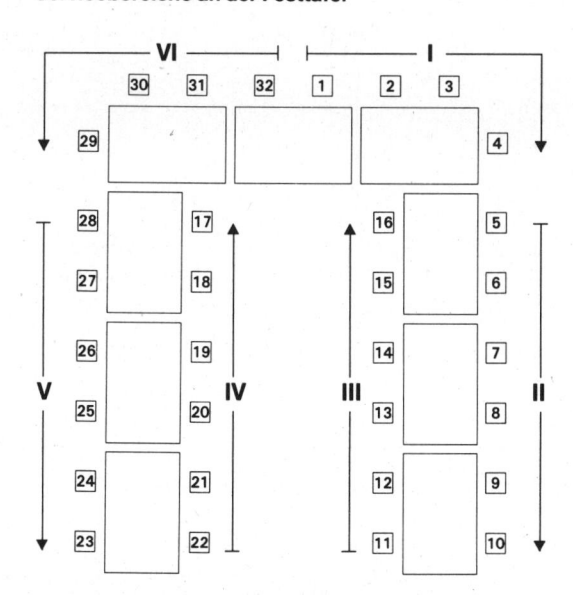

3. Mise en place

Für das Mise en place ist zunächst der Zeit- und Arbeitsablaufplan von Bedeutung. Aus ihm sind der Zeitpunkt und die Art der auszuführenden Arbeiten zu ersehen.

8^{00}	– Vorbereiten der Tisch- und Tafelgeräte – Falten der Servietten
10^{00}	– Stellen und Eindecken der Festtafel – Herrichten von zwei Servicetischen für die Servicebereiche I bis III und IV bis VI – Herrichten eines Getränkebuffets
12^{00}	– Empfang der Gäste

Bei der Auswahl der Tisch- und Tafelgeräte ist auf dem Servicetisch etwa 10 % Ersatzgerät bereitzustellen.

Gänge	Tafelgeräte und sonstige Geräte	Fest-tafel	Service-tisch
Vorspeise	– Fischbesteck oder Mittelmesser und Mittelgabel	32	3
	– Brotteller und Mittelmesser	32	3
	– Weingläser	32	3
	– Vorlegebesteck (Toast und Butter)	–	14
Suppe	– Mittellöffel	32	3
	– Suppengedecke	–	35
Hauptgang	– großes Messer und große Gabel	32	3
	– Weingläser	32	3
	– Menagen	6	2
	– Vorlegebesteck → Löffel (Sauce) → Löffel und Gabel (Fleisch, Kartoffeln)	8	16
Dessert	– Mittellöffel und Mittelgabel	32	3
	– Sektgläser	32	3
außerdem	– Servietten	32	6
	– Menükarten	32	6

Darüber hinaus sind für das Bankett bereitzustellen:

Zweck	Materialien
Aperitif	→ 50 Sektgläser
Mokkaservice	→ 36 Kaffeeuntertassen und Kaffeelöffel → 6 mal Sahne und Zucker
Spirituosenservice	→ 20 Schwenker → 20 Likörschalen
Sonstiges	→ 20 Aschenbecher → 8 Serviertabletts

> **Beachte:** Das sachgerechte „Eindecken der Tafel" sowie das „Herrichten des Servicetisches" kann im entsprechenden Abschnitt dieses Buches nachgelesen werden.

C. Durchführung des Banketts

Bankette sind festliche Anlässe. Es ist deshalb wichtig, daß das Arbeiten der Bedienungen sowie die Servierabläufe reibungslos ausgeführt werden.

1. Arbeitsrichtlinien für das Durchführen von Banketten

Bei den einzelnen Gängen müssen die Bedienungen alle gleichzeitig mit dem Bedienen beginnen.

- Dazu ist es erforderlich, daß die Bedienungen gemeinsam „aufmarschieren" und sich jeweils beim ersten Gast ihres Servicebereichs aufstellen.
- Erst auf das Zeichen des Serviceleiters hin beginnen alle gleichzeitig mit dem Bedienen der Gäste.

Für das Servieren der Speisen sind wichtige Regeln zu beachten.

Einsetzen
Anbieten
Vorlegen

- das Einsetzen der auf Tellern oder in Schalen angerichteten Speisen erfolgt grundsätzlich von der rechten Seite des Gastes, mit Ausnahme der Teile, die links vom Gedeckplatz stehen (z. B. Toastteller, Salat)
- das Anbieten oder Vorlegen von der Platte wird von der linken Seite des Gastes ausgeführt
- die grundlegende Bedienungsrichtung (Laufrichtung innerhalb des Servicebereichs) verläuft beim Einsetzen von rechts nach links, beim Anbieten bzw. Vorlegen von links nach rechts

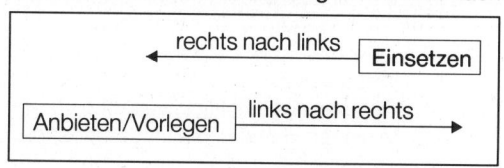

```
       ← rechts nach links   | Einsetzen |
   | Anbieten/Vorlegen |  links nach rechts →
```

> Beachte: Bezüglich der Laufrichtung beim Servieren von Speisen gibt es Abweichungen von den Grundregeln:
> - im Bereich der Ehrengäste, bei denen jeweils von der Mitte ausgehend nach beiden Seiten bedient wird (siehe „Tafelorientierungsplan"),
> - wenn bei aufeinanderfolgenden Gängen im Rahmen der Speisenfolge ein Richtungswechsel festgelegt wird, damit das Servieren innerhalb des Servicebereichs nicht immer beim gleichen Gast beginnt (der Bereich der Ehrengäste ist davon nicht betroffen).

Servieren bei getrenntem Anrichten von Hauptbestandteil der Speise und den Beilagen

- steht nur eine Bedienung zur Verfügung, dann legt diese den Hauptbestandteil der Speise vor
  - zuvor müssen dann jedoch beim ersten Gast des Servicebereichs die Beigaben eingesetzt werden, damit dieser sofort mit dem Selbstbedienen beginnen und die Speisen daraufhin weiterreichen kann
  - andernfalls sitzen die Gäste zu lange wartend vor ihrem Teller, die Speisen werden kalt und der Ablauf des Essens verzögert sich unnötig
- stehen für das Servieren der Beigaben (Beilagen, Kartoffeln und Sauce) weitere Bedienungen zur Verfügung, folgen diese (z. B. Gemüse, Kartoffeln und Sauce) jeweils der vorausgehenden Bedienung nach, wobei zu beachten ist:
  - die jeweils nachfolgende Bedienung darf der vorangehenden erst dann folgen, wenn diese beim übernächsten Gast angelangt ist
  - andernfalls behindern sich die Bedienungen gegenseitig, außerdem darf der Gast nicht „in die Zange genommen" werden

Ausheben

- mit Ausnahme der Teile, die links vom Gedeck stehen, erfolgt das Ausheben wie das Einsetzen „von der rechten Seite des Gastes" mit der Laufrichtung „von rechts nach links"
- Platzteller, Brotteller und Menagen werden im allgemeinen nach dem Hauptgang ausgehoben
- gibt es jedoch nach dem Hauptgang Käse, so bleiben die Brotteller noch stehen
- beim Ausheben ist außerdem folgende Reihenfolge zu beachten: → 1. Saucieren → 2. Beilagenplatten (-schüsseln) → 3. Teller
- die Bestecke freibleibender Plätze sind nach dem jeweiligen Gang mit auszuheben, denn später eintreffende Gäste werden mit dem laufenden Gang bedient
  - eine abweichende Regelung gibt es nur dann, wenn der **Gastgeber** das Nachservieren der vorangegangenen Speisen ausdrücklich wünscht
  - in diesem Fall sind die entsprechenden Bestecke wieder einzudecken

Für das Servieren der Getränke gelten folgende Regeln:

Eingießen
- das Getränk wird jeweils vor dem Servieren der zugehörigen Speise eingegossen, weil es ein wenig auf die Speise einstimmen soll
- das Eingießen erfolgt von der rechten Seite des Gastes
- geleerte Gläser erst nach Befragen des Gastes nachfüllen
- vor Ansprachen sind grundsätzlich alle Gläser zu füllen, damit während dieser Zeit unnötige Störungen vermieden werden

Ausheben
- sowohl die benutzten Gläser als auch die Gläser von freigebliebenen Plätzen werden jeweils nach dem Eingießen des nächsten Getränkes ausgehoben, damit die Gäste nicht ohne Getränk sind
- hat der Gast das Glas noch nicht leergetrunken, muß er befragt werden, ob es stehenbleiben soll, denn es könnte sein, daß er z. B. einen Wein zu Ende genießen oder ihn mit dem nachfolgenden vergleichen möchte

2. Ablauf des Banketts

Inhalt des Zeit- und Ablaufplans

Ankunft der Gäste: *12 00*

Aperitif: *Sekt, Orangensaft, Sektcocktail*

Zeit	Raum	Tischform
ab 12 15	*Mosel*	*Aperitivbuffet / Block*

Bankett:

Zeit	Raum	Tafelform
13 00	*Paris*	*U-Form / Kopf 6 Personen*

Getränke	Speisen	Servicehinweise	Tischreden
Erdener Treppchen	*Forellenfilets Toast, Butter*	*Tellerservice à part*	

Beachte: Die Hinweise über die Art des Service ergeben sich aus dem Anrichten der Speisen, z. B. Hauptgang: 6   Platten (Fleisch und Gemüse)
                                                                   – 2 à 4 Portionen
                                                                   – 4 à 6 Portionen
                                                          6   Schüsseln (Kartoffeln)
                                                          6   Saucieren

Bedienungsabläufe beim Durchführen des Banketts

Menüablauf	Serviervorgänge	Bedienungen →	1 Gäste	2 Gäste	3 Gäste	4 Gäste	5 Gäste	6 Gäste	7 Gäste	8 Gäste	9 Gäste	10 Gäste	11 Gäste	12 Gäste	13 Gäste	14 Gäste	15 Gäste	16 Gäste	17 Gäste	18 Gäste
Vorspeise	Wein zur Vorspeise eingießen		1-4					5-10	11-16			17-22		17-22	23-28		23-28	32-29		32-29
	Toast vorlegen			1-4		5-10				11-16						23-28		32-29		
	Butter vorlegen		1-2	3-4		5-7	8-10		11-13	14-16		17-19	20-22		23-25	26-28		32-31	30-29	
	Vorspeise einsetzen		1-4			5-7	8-10		11-13	14-16		17-19	20-22		23-25	26-28		32-31	30-29	
	Teller und Besteck ausheben		1-2	3-4		5-7	8-10		11-13	14-16		17-19	20-22		23-25	26-28		32-31	30-29	
Suppe	Suppe einsetzen		1-2	3-4		5-7	8-10		11-13	14-16		17-19	20-22		23-25	26-28		32-31	30-29	
	Suppengedecke ausheben				1-4			5-10			11-16			17-22			23-28			32-29
Hauptgang	Wein zum Hauptgang eingießen				1-4			5-10			11-16		17-22			23-28			32-29	
	Gläser zur Vorspeise ausheben				1-4			5-10			11-16		17-22			23-28			32-29	
	Teller einsetzen		1-4			5-10				11-16		17-22			23-28		23-28		32-29	32-29
	Fleisch und Gemüse vorlegen			1-4			5-10				11-16		17-22			23-28		32-29		32-29
	Kartoffeln vorlegen		1-4			5-7	8-10		11-13	14-16		17-19	20-22		23-25	26-28		32-29	30-29	32-29
	Sauce servieren			1-4		5-7	8-10		11-13	14-16		17-19	20-22		23-25	26-28		32-29	30-29	32-29
	Teller mit Besteck ausheben				1-16			17-32												
	Brotteller ausheben				1-4			5-10			11-16		17-22			23-28			32-29	
	Menagen ausheben			1-4			5-10				11-16			17-22		23-28	23-28		32-29	32-29
Dessert	Sekt eingießen		1-3			5-7	8-10		11-13	14-16		17-19	20-22		23-25	26-28		32-30	32-29	32-29
	Gläser zum Hauptgang ausheben		1-4			5-7	8-10		11-13	14-16		17-19	20-22		23-25	26-28		32-29	29	32-29
	Dessertbesteck herunterziehen			1-4			5-10			11-16			17-22			23-28			32-29	
	Dessert einsetzen		1-3	4		5-7	8-10		11-13	14-16		17-19	20-22		23-25	26-28		32-30	29	32-29
	Teller und Besteck ausheben		1-3	4		5-7	8-10		11-13	14-16		17-19	20-22		23-25	26-28		32-30	29	32-29
Mokka / Spirituosen	Sektgläser ausheben				1-4			5-10			11-16			17-22		23-28	23-28	32-30	32-29	32-29
	Mokkagedecke einsetzen			1-4			5-10				11-16		17-22			23-28			32-29	
	Kaffee eingießen				1-4			5-10			11-16			17-22		23-28	23-28	32-30	32-29	32-29
	Sahne und Zucker reichen			1-4			5-10			11-16			17-22			23-28			32-29	
	Spirituosen anbieten		1-4				5-10		11-16			17-22			23-28			32-29		

III. Buffetservice

Buffets sind besondere Angebotsformen für Speisen, z. B. Frühstücksbuffet, Kuchen- oder Salatbuffet. Das **Kalte Buffet** ist eine besonders aufwendige und repräsentative Art des Buffetangebotes.

A. Aufbau des Kalten Buffets

1. Herrichten der Tafel

Für das Kalte Buffet gibt es unterschiedliche Tafelformen.

Tafelform
- die Form der Buffettafel ist im wesentlichen von der Größe des Raumes und der Anzahl der Gäste abhängig
- lange Tafel
   - sie kann sowohl an einer Wand als auch frei im Raum stehend aufgebaut werden.
- U-Form
- Quadrat
   - beides sind Formen, die in der Mitte des Raumes aufgebaut werden

Herrichten der Tafel
- auf die mit Molton überspannte Tafel werden die Tafeltücher so aufgelegt, daß sie bis fast auf den Boden reichen
- bei einer an der Wand stehenden Tafel ist dies nur an den sichtbaren Seiten erforderlich
- die Tafel muß so großflächig ausgestattet sein, daß sich die Gäste am Buffet nicht drängen müssen bzw. sich nicht gegenseitig bedrängen
- die Tafel darf andererseits nicht zu breit sein, damit sich die Gäste mühelos bedienen bzw. Bedienungen, die hinter der Tafel stehen, leicht über sie hinweg bedienen können

2. Anordnung der Speisen auf dem Buffet

Beim Kalten Buffet werden die Speisen entweder auf der ebenen Fläche der Tafel oder auf stufenförmigen Aufbauten angeordnet.

Die Anordnung (Reihenfolge) der Speisen auf dem Buffet entspricht im allgemeinen der klassischen Speisenfolge. Danach stehen z. B. Cocktails, Pasteten, Galantinen und Terrinen am Anfang des Buffets, während Süßspeisen, Käse und Obst auf dem Buffet den Abschluß bilden.

Hauptplatten	• Langusten, Mastkalbsrücken, Geflügel (Poularde, Ente, Fasan), Rehrücken und andere große Stücke gelten als Schaustücke, mit ihnen werden auf dem Buffet dekorative Schwerpunkte geschaffen
	• darüber hinaus gibt es Platten mit Hauptspeisen, die nicht Schauplatten sind
	• wenn es die Speise zuläßt, können die Platten durch Unterlegen eines Tellers in eine schräge Stellung gebracht werden (bessere Draufsicht)
Saucen	• sie sind jeweils den Platten bzw. Speisen zugeordnet, zu denen sie als Beigabe gehören
Toast, Brot und Brötchen	• sie haben ihren Platz bei den Tellern und Bestecken am Anfang des Buffets

Merke:
- Bei stufenförmigem Aufbau des Buffets stehen die dekorativen Hauptplatten in der vorderen, unteren Ebene, die Nebenplatten und Schüsseln auf den zurückliegenden Stufen.
- Die Vorlegebestecke müssen bei den Platten und Schüsseln so angelegt werden, daß sie vom Gast leicht zu erreichen sind.

3. Dekorieren des Buffets

- Die dekorative Wirkung geht in erster Linie von den Hauptplatten, aber auch von der bunten Vielfalt der anderen Platten und Schüsseln aus.
- Zusätzliche Dekorationsmittel können sein:
  – Blumen in wertvollen Vasen,
  – Obstkörbe oder Obstschalen,
  – Leuchter mit brennenden Kerzen.

Merke:
- Die ergänzenden Dekorationen dürfen die optische Wirkung der angerichteten Speisen nicht überdecken.
- Sie sollen lediglich das Gesamtbild des Buffets harmonisch und belebend ergänzen.

4. Tafelgerät zum Kalten Buffet

Tafelgeräte	Teller	zugehöriges Besteck

	• Mittelteller
	  – für Toast und Brot
	  – für Obst
	  – für Käse
		– Mittelmesser
		– Obstmesser
		– Mittelbesteck

	• große flache Teller
	  – für Fleischgerichte
	  – für Fischgerichte
	  – für kleinere Gerichte
		– großes Besteck
		– Fischbesteck
		– Mittelbesteck

Bereitstellung	• entweder auf gesonderten Tischen oder auf den äußeren Enden des Buffets
	• Teller mit dekorativen Mustern können auch in den Buffetaufbau mit einbezogen werden
	  – die Stapel dürfen zu diesem Zweck jedoch nicht zu hoch sein
	Beachte: • Im Bereich der Teller und Bestecke werden außerdem angeordnet:
	  – Servietten
	  – Toast, Brot und Brötchen
	  – u. U. Menagen
	• Auf einem zusätzlichen Servicetisch kann außerdem noch ein Reservegerät bereitgehalten werden.

gebrauchtes Tafelgerät	• es muß auf eigens dafür vorbereiteten Servicetischen abgestellt werden können • die Bedienungen müssen diese Tische während des Essens fortlaufend abräumen, damit sich das Geschirr nicht in unschöner Weise auf ihnen häuft

B. Betreuung des Kalten Buffets

Die dem Buffet zugeteilten Bedienungen sind zu besonderer Aufmerksamkeit verpflichtet:
- einerseits gegenüber den Gästen
- andererseits gegenüber den leer werdenden Platten und Schüsseln.

Aufmerksamkeit gegenüber den Gästen	• die Bedienung muß, ohne aufdringlich zu wirken, für den Gast bereit sein:
	  – zur Beratung, was die verschiedenen Speisen betrifft
	  – zum Vorlegen der Speisen auf den Teller
	• auch hier gilt der Grundsatz: den Teller nicht überladen

| Aufmerksamkeit in bezug auf die leer werdenden Platten | • sofern dies vorgesehen ist, müssen die leeren Platten durch neue ersetzt werden
• darüber hinaus ist jedoch zu beachten:
  − Speisen von Platten, die fast leer geworden sind, auf anderen Platten neu zusammenstellen
  − leere Platten auf jeden Fall abräumen
  − mit Geschick auf dem leerer werdenden Buffet immer wieder einen neuen Blickpunkt schaffen (Platten anders zuordnen, u. U. einen kleinen Tellerstapel dekorativ mit einbeziehen) |
|---|---|

> **Merke:** Ein freier werdendes Buffet, das aber fortlaufend neu geordnet wird, sieht immer noch besser aus als ein „verwildertes" Buffet mit herumstehenden leeren Platten

Verkaufen und Abrechnen im Restaurant

Das Arbeiten im Restaurant, im allgemeinen identisch mit à la carte-Service, stellt an das Bedienungspersonal höchste Anforderungen. Der Umgang mit den verschiedensten Gästen und das erfolgreiche Verkaufen erfordert ein hohes Maß an Einfühlungsvermögen und kaufmännischem Geschick.

I. Verkaufen im Restaurant

Das Restaurant ist einer der Orte des gastgewerblichen Betriebes, an dem der Verkauf stattfindet. Es ist gleichzeitig der Ort, an dem die Verkaufssituationen am stärksten wechseln und wo an den Verkaufenden höchste Anforderungen gestellt werden. Unabhängig von Erfahrung ist von jeher bekannt, wodurch man zu einem guten Verkäufer wird:

| Schulen | Motivieren | Weiterbilden |

A. Kaufmotive, Gästetypen und Gäste spezieller Art

1. Erkennen der Kaufmotive

Für einen Besuch im Restaurant gibt es von seiten des Gastes unterschiedliche Motive. Sie herauszufinden ist für das Verkaufsgespräch und den Verkaufserfolg von ausschlaggebender Bedeutung.

| verstandesbetonte Motive | • Beispiele für solche Motive:
  − ein Geschäftsmann betrachtet den Besuch mit Geschäftspartnern als eine nicht zu umgehende Verpflichtung
  − Gäste (z. B. ein Büroangestellter, ein Rentner, ein Student) |

wollen nur eine Kleinigkeit verzehren
- ein Ehepaar, bei dem es der Hausfrau erspart bleiben soll, zu Hause selber zu kochen
- für die Bedienung ist es in solchen Fällen wichtig, den „nüchternen" Aspekt nicht außer acht zu lassen
  - ihre Verkaufsabsicht ist mehr oder weniger eingeschränkt
  - auch die geringfügigste Überrumpelung bzw. Überforderung bezüglich des Preises kann übelgenommen werden

gefühlsbetonte Motive	

- Beispiele für solche Motive:
  - wieder einmal etwas Besonderes erleben

> Atmosphäre, Gemütlichkeit, Gastlichkeit
> Bedientwerden (aufmerksam, perfekt)
> Genießen (erlesene Speisen und Getränke)
> Geselligkeit und Unterhaltung

  - sich wieder einmal persönlich darstellen

> Geltungsbedürfnis befriedigen
> Familie oder Freunde verwöhnen
> Großzügigkeit zum Ausdruck bringen

- bei solch „offener und aufgeschlossener" Stimmung ist das Verkaufen leichter
- es gilt dabei, die Verkaufschancen einerseits wahrzunehmen, andererseits aber auch den Rahmen des Möglichen richtig abzuschätzen

Merke:
- Die Bedienung kann Kaufmotive wecken, verändern und beeinflussen.
- Werbeaussagen des Hauses kann man auch im Gespräch mündlich weitergeben, z. B. „Wir sind jederzeit bereit, für Sie ein festliches Bankett zu arrangieren".

2. Unterschiedliche Gästetypen und ihre Behandlung

Da sich Gäste nicht unseren persönlichen Bedürfnissen anpassen, sollte man sich ohne Einschränkung auf sie einstellen.

Eilige und nervöse Gäste
Man erkennt sie an der Unruhe, mit der sie sich darstellen. Sie schauen unruhig umher, suchen raschen Kontakt und sprechen hastig
- nehmen Sie ihnen ihre Gereiztheit und oftmals ungewollte Unhöflichkeit nicht übel

	• lassen Sie nicht zu lange auf sich warten und bedienen Sie so rasch wie möglich • Empfehlen Sie Gerichte, die servierbereit sind oder in kurzer Zeit zubereitet werden können
Schüchterne und unentschlossene Gäste	Man erkennt sie an dem scheinbar „ängstlichen" Auftreten und den manchmal „hilfesuchenden Blicken" • lassen Sie auch solche Gäste nicht zu lange warten und bieten Sie Ihre Hilfe mit besonderer Freundlichkeit an • man kann diese Gäste leicht zu Stammkunden gewinnen, sollte aber unter gar keinen Umständen ihre Dankbarkeit ausnutzen
Geizige und sparsame Gäste	Geizige geben ihr Geld grundsätzlich nicht gerne her, sparsame wollen sich u. U. große Ausgaben nicht leisten • in beiden Fällen ist es wichtig, auf die bescheidenen Wünsche einzugehen • versuchen Sie nicht, teure Angebote zu empfehlen, sondern bedenken Sie, daß auch kleinere Einnahmen den Umsatz des Betriebes erhöhen
Redselige und schwatzhafte Gäste	Sie wirken sich in entscheidenden Situationen hemmend und störend auf den Service aus. Während der Redselige in ruhigen Zeiten durchaus noch als angenehm empfunden werden kann, ist beim Schwatzhaften besondere Vorsicht geboten • sofern es der Service zuläßt, gebietet es die Höflichkeit, in angemessenem Umfang zuzuhören • lassen Sie sich jedoch unter gar keinen Umständen zu einer Stellungnahme verleiten, denn nur auf diese Weise können Sie unschöne Diskussionen und Konfrontationen vermeiden • u. U. ist es geboten, sich mit einem höflichen „Entschuldigen Sie" zu entziehen
Besserwisser und geltungsbedürftige Gäste	Man erkennt sie an ihrem protzigen Auftreten und dem Bemühen, als „Auchfachmann" im Mittelpunkt zu stehen • Reizen Sie nicht zum Widerspruch und vermeiden Sie Fachdiskussionen, in denen Sie fachlich Falsches richtigstellen wollen • Hören Sie lieber genau hin und sprechen Sie dann Empfehlungen aus, die dem Geltungsbedürfnis entgegenkommen
Geruhsame Gäste	Man erkennt Sie an der Gelassenheit, mit der sie auftreten und an der Art, wie sie in sich selber ruhen • Man sollte sie zu keinem Zeitpunkt ihres Aufenthaltes bedrängen, sondern ihnen für ihre Entscheidungen Zeit lassen. Dabei können Sie selber über angemessene Empfehlungen nachdenken

• Andererseits nehmen solche Gäste gerne Empfehlungen an, mit denen sie sich dann in aller Ruhe beschäftigen

Ausgabefreudige Gäste	Das sind aus betrieblicher Sicht die angesehensten Gäste • Ihnen gegenüber brauchen Sie sich im allgemeinen mit Empfehlungen nicht zurückzuhalten • Es ist jedoch wichtig, ein Gespür dafür zu entwickeln, bis zu welchem Preisniveau man die Empfehlung von Fall zu Fall anheben darf
Betrunkene Gäste	Das sind problematische Gäste und erfordern besondere Aufmerksamkeit • vermeiden Sie möglichst jegliche Diskussion, bleiben Sie bei Beleidigungen ruhig und lassen Sie sich nicht zu unüberlegten Äußerungen und Handlungen provozieren • servieren Sie keine alkoholischen Getränke mehr, und sichern Sie sich gegebenenfalls die Unterstützung durch Ihren Vorgesetzten • sofern es angebracht bzw. möglich ist, versuchen Sie den Gast zu bewegen, nicht das eigene Fahrzeug zu benutzen, und sorgen Sie andererseits für ein gefahrloses Nachhausekommen

3. Umgang mit Gästen spezieller Art

Gäste spezieller Art sind Kinder, ältere Menschen und behinderte Menschen sowie Stammgäste.

- Kinder können unsere Gäste von morgen sein. Sie werden sich an uns erinnern, hoffentlich in positivem Sinn.
- Ältere Menschen verdienen im besonderen Maße unsere Achtung und unseren Respekt. Sie haben sich um uns gesorgt und bemüht.
- Behinderte Menschen brauchen unsere Rücksichtnahme und Hilfe.
- Stammgäste verdienen unsere besondere Aufmerksamkeit, denn sie garantieren einen berechenbaren Anteil unseres Umsatzes.

Kinder	• es ist wichtig, sie bei der Begrüßung mit einzubeziehen und ihnen auch darüber hinaus angemessene Aufmerksamkeit zu schenken • Sie sollten die kindgemäßen Hilfsmittel des Hauses beachten: Kleinkinderstühle, Kinderteller, Kindermenüs, Kinderbesteck, Spielkiste • bedenken Sie, daß man für Kinder ein wenig Geduld haben und sie kindgerecht ansprechen muß • lassen Sie sich durch Wünsche nicht gegen die Eltern ausspielen, sondern schließen Sie sich der Meinung der Eltern an

- sorgen Sie für rasche Bedienung der Kinder, damit sie beschäftigt sind, keine Ungeduld aufkommt und die Ruhe bewahrt bleibt

ältere Menschen
- bedenken Sie, daß diese Menschen für einen freundlichen und wohlwollenden Umgangston sehr empfänglich sind
- helfen Sie beim Ablegen der Garderobe und weisen Sie möglichst einen ruhigen und ungestörten Tisch zu
- beachten Sie altersbedingte Verzehrsgewohnheiten und beraten Sie entsprechend, z. B.:
  - magere und zarte Fleischgerichte
  - feine und leichtverdauliche Beilagen
  - energiearme, aber vitamin- und mineralstoffreiche Speisen

behinderte Menschen
- vergessen Sie nicht, daß diese Menschen in hohem Maße auf Freundlichkeit, Rücksichtnahme und Hilfe angewiesen sind
- lassen Sie es an Aufmerksamkeit nicht fehlen, vermeiden Sie aber andererseits oft nicht erwünschtes „übertriebenes Engagement"
- überlegen Sie die von Fall zu Fall angemessenen Verhaltensweisen und Maßnahmen, z. B.
  - einen Blinden führen
  - einem Sprachgeschädigten geduldig zuhören
  - dem Gast im Rollstuhl einen leicht zugänglichen Tisch zuweisen
  - dem Arm- oder Handbehinderten eine Speise auf dem Teller zerteilen

Stammgäste
- Sie sollten im Interesse des Hauses stets bemüht sein, vorhandene Stammgäste zu halten und möglichst neue hinzuzugewinnen
- sprechen Sie Stammgäste bei der Begrüßung mit ihrem Namen, u. U. mit ihrem Titel an
- wenn es die Zeit und der Bekanntheitsgrad erlauben, darf das Gespräch eine angemessene persönliche Note haben (z. B. die Frage nach dem Befinden). Lassen Sie sich jedoch niemals zu einer möglicherweise nicht erwünschten Vertrautheit hinreißen
- Sie sollten die Verzehrsgewohnheiten der Gäste kennen und durch entsprechende Empfehlungen ihre besondere Aufmerksamkeit zum Ausdruck bringen, z. B.: „Wir haben den von Ihnen so sehr geschätzten Aßmannshäuser Höllenberg aus dem Weingut Schönleber wieder auf der Karte." „Darf ich Sie auf den heute ganz frischen Spargel hinweisen?"

B. Umgang mit den Gästen

1. Gastbesuch

Vom Empfangen des Gastes bis zu seiner Verabschiedung sind wichtige Regeln und Verhaltensweisen zu beachten.

Empfangen	• bedenken Sie dazu alles, was bereits über Freundlichkeit, Höflichkeit, Aufmerksamkeit und Hilfsbereitschaft gesagt wurde
	• versuchen Sie darüber hinaus, den Gästetyp sowie die augenblickliche Stimmung des Gastes (ärgerlich, gereizt, nachdenklich) zu erkennen
	• seien Sie beim Ablegen der Garderobe behilflich
Plazieren	• versuchen Sie möglichst rasch zu erfahren, für wie viele Personen Platz gesucht wird und wo die Gäste sitzen möchten
	• Sie sollten stets informiert sein, wo im Restaurant Platz ist
	• führen Sie nur zu sauberen und eingedeckten Tischen
	• bitten Sie höflich, vorausgehen zu dürfen
	• wenn möglich, sollten Sie einen freien Tisch anbieten
	• bei notwendigen Zuplazierungen ist zu beachten: – bereits am Tisch sitzende Gäste um Zustimmung bitten – Einzelgäste immer nur zu Einzelgästen plazieren – zwei Personen immer zu zwei plazieren
Aufnahme der Bestellung	• reichen Sie in angemessenem zeitlichen Abstand nach dem Platznehmen die geöffnete Speisekarte
	• treten Sie vom Tisch zurück und lassen Sie den Gast die Karte in Ruhe studieren und seine Wahl treffen
	• behalten Sie den Tisch im Auge, damit Sie wahrnehmen, wenn der Gast zur Bestellung bereit ist
	• sollten Sie den Eindruck gewinnen, daß sich der Gast nur schwer entschließen kann, bieten Sie höflich Ihre Hilfe an
	• registrieren Sie die Bestellungen im Uhrzeigersinn so, daß Sie beim Auftragen nicht fragen müssen, wer was bekommt

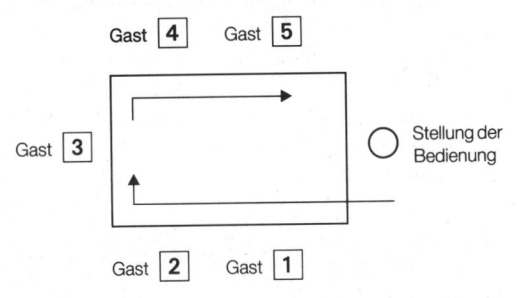

```
              Gast  4      Gast  5
             ┌─────────────────────┐
             │  ┌──────────▶       │   ○  Stellung der
    Gast  3  │  │                  │      Bedienung
             │  ▲                  │
             └──┼──────────────────┘
              Gast  2      Gast  1
```

Verabschiedung des Gastes	• helfen Sie dem Gast beim Aufnehmen der Garderobe und begleiten Sie ihn in Richtung Ausgang • bedanken Sie sich für den Besuch und wünschen Sie z. B. einen guten Heimweg, einen guten Abend

2. Verhalten bei Reklamationen

Durch richtige Behandlung von Reklamationen kann man einen Gast stärker binden bzw. erst gewinnen.

eigene Einstellung bzw. Perspektive	• dem Gast kommt es bei Reklamationen vor allem darauf an, verstanden, ernstgenommen und zufriedengestellt zu werden • es ist deshalb unerheblich, ob die Reklamation berechtigt oder unberechtigt ist • Gegenreden erzeugen lediglich Spannung, aber lösen niemals das Problem • Ausreden und lange Erklärungen dienen deshalb nicht dem Image des Hauses
Folgerungen bzw. Konsequenzen	• bemühen Sie sich, die Angelegenheit so schnell wie möglich aus der Welt zu schaffen und den Gast zufriedenzustellen • unterdrücken Sie alle persönlichen Gefühle und Emotionen • lassen Sie den Gast ausreden, hören Sie genau hin und lassen Sie spüren, daß Sie ihn ernst nehmen • entschuldigen Sie sich im Namen des Hauses • entfernen Sie die beanstandete Sache sofort und ohne Kommentar und bieten Sie Ersatz an • streichen Sie u. U. die ursprüngliche Bestellung • machen Sie von der im Hause üblichen freundlichen Geste Gebrauch (ein Kaffee, ein Cognac, ein Likör)

C. Führen von Verkaufsgesprächen

1. Voraussetzungen für ein gutes Verkaufsgespräch

Der Erfolg des Verkaufsgesprächs ist auch von allgemeinen und speziellen Kenntnissen sowie vom Gesprächsklima abhängig.

Kenntnisse	• Sie können nur dann gut verkaufen, wenn Sie allgemeine Kenntnisse in bezug auf Speisen-, Getränke- und Menükunde besitzen • Sie können nur dann gezielt verkaufen, wenn Sie das spezielle und besondere Speisen- und Getränkeangebot Ihres Betriebes genauestens kennen

| Gesprächs-klima | • versuchen Sie durch wohlwollendes Sprechen und aufmerksames Zuhören eine gute und freundliche Atmosphäre zu schaffen
• je besser Ihnen das gelingt, desto größer sind die Chancen für einen erfolgreichen Verkauf |

2. Empfehlungen bei der Übergabe der Karte

Neben Erfahrung setzen solche Empfehlungen ein gutes Einfühlungsvermögen in die jeweilige Situation voraus.

Im Sinne der Vorwärtsstrategie „Ihre Verkaufsabsichten zu Kaufabsichten des Gastes werden zu lassen" sind Empfehlungen jedoch sehr wichtig.

- „Aus unserem Tagesangebot kann ich Ihnen heute besonders .... empfehlen."
- „Unser Spargel ist heute ganz frisch hereingekommen."
- „Die mild geräucherten Forellenfilets sowie die speziellen warmen Forellengerichte unseres Hauses erfreuen sich immer größer Beliebtheit."
- „Darf ich Ihnen als Aperitif einen .... empfehlen?"

3. Empfehlungen im Rahmen des Verkaufsgesprächs

Im Verkaufsgespräch hat die Bedienung die Möglichkeit, den Appetit anzuregen und lustbetonte Verzehrsabsichten zu wecken.

Die nüchterne Aussage der Karte kann auf diese Weise „belebt" werden, z. B.

Speisen – Aussagen der Karte	Beschreibungen durch die Bedienung
Geräucherte Forellenfilets	Die Forellenfilets sind **ganz frisch** und **mild** geräuchert.
Truthahngeschnetzeltes mit Krebsen und Austernpilzen	Das **zarte** Geschnetzelte erhält durch die Krebse und Pilze eine **pikante Geschmacksnote**.
Wachtelbrüstchen im Wirsingmantel mit Trüffelsauce	Das Gericht gilt als **besondere Spezialität** des Hauses und ist bei den Gästen **sehr beliebt**.
Wein – Aussagen der Karte	Beschreibungen durch die Bedienung
Johannisberger Hölle Riesling halbtrocken	– Dieser Rheingauer Rieslingwein **beeindruckt** durch seine **fruchtige Art** und sein **ausgewogenes Bukett** – Zu Ihrer Bestellung „Kalbsbries auf Blattspinat" wäre dieser Wein eine **überaus harmonische Ergänzung.**
Chateau d'Yquem Sauternes	– Dieser weiße Bordeaux zeichnet sich durch eine **gehaltvolle und harmonische Süße** aus. – Seine **vollmundige Art** und der **angenehme Nußton** vermitteln einen besonderen Genuß.

Im Verkaufsgespräch sollte die Bedienung Alternativen aufzeigen.
Alternative Angebote erhöhen die Verkaufschancen. Dabei sollten Sie in bezug auf den Preis von einem mittleren Preisniveau ausgehen und in bezug auf Geschmack und Zubereitungsart auf Abwechslung achten.

das allgemein Bekannte	das besonders Ausgewählte
– Geräuchertes Forellenfilet mit Meerrettichsahne – Parmaschinken mit Melonenschiffchen	– Rehpastete mit Pfifferlingssalat und Preiselbeersauce – Rosa gebratene Entenbrust mit Cumberlandsauce
– Rinderkraftbrühe mit Markklößchen – Champignoncremesuppe	– Austernrahmsuppe – Fasanenessenz
– Seezungenfilets in Weißweinsauce – Champignons mit frischen Kräutern	– Jakobsmuscheln im Estragonsud – Kalbsnierchen mit leichter Senfsauce
– Tournedos mit Bèarner Sauce – Poulardenbrust mit Curryrahmsauce – Kalbsblankette mit Schnittlauchsauce – Heilbuttschnitte vom Grill mit Kräuterbutter	– Truthahngeschnetzeltes mit Krebsen und Austernpilzen – Lammnüßchen mit Estragonjus – Waller im Wurzelsud – Kaninchenrückenfilet auf weißer Portwein-Stilton-Sauce
– Obstsalat mit Maraschino – Karamelcreme – Haselnußparfait	– Honig-Zimt-Parfait auf Schokoladensauce – Staudensellerie mit Ziegenkäsecreme – Englischer Plumpudding

Abschließende Bemerkungen zum „Verkaufen im Restaurant".
- Vermeiden Sie bei Ihren Empfehlungen Übertreibungen und versprechen Sie niemals mehr, als Sie einlösen können.
- Ein zufriedener Gast (auch wenn die Höhe der Rechnung nicht Ihren Vorstellungen entspricht) ist besser als ein enttäuschter Gast, der nicht wiederkommt.
- Haben Sie mit sich selber immer wieder Geduld, wenn nicht alles auf einmal gelingt.

> Merke:
> - Es ist noch kein Meister vom Himmel gefallen.
> - Meisterschaft braucht seine Zeit.

II. Abrechnen mit dem Gast und dem Betrieb

Restaurantfachkräfte sind selbständige Verkäufer, die einerseits mit dem Gast und andererseits mit dem Betrieb abrechnen müssen. Zentrales Kontrollinstrument für diese Abrechnung ist der **Bon**. Das Bonieren erfolgt entweder mit dem **Bonbuch** oder mit einer **Registrierkasse**.

A. Arbeiten mit dem Bonbuch

1. Ausstattung des Bonbuchs

Bei der Ausstattung des Bonbuchs ist zwischen Grundausstattung und Sonderausstattung zu unterscheiden.

Grundausstattung
- dazu gehören das Oberblatt mit den perforierten einzelnen Bons und das Unterblatt mit den Durchschriften
- die Bons sind fortlaufend numeriert

Sonderausstattungen
- sie sind auf ganz bestimmte Zwecke ausgerichtet:

Ausstattungen	Zwecke
• das Bonbuch und die Bons sind (unabhängig von den fortlaufenden Bon-Nummern) mit einer gleichlautenden Nr. gekennzeichnet.	– die Nummer ist identisch mit der Nummer der Bedienung, so daß bei der Abrechnung Verwechslungen ausgeschlossen sind.
• die Bonbücher einschließlich der jeweils zugehörigen Bons haben unterschiedliche Farben	– Bedienungsreviere, besondere Veranstaltungen sowie Tage mit geradem oder ungeradem Datum können gegeneinander abgegrenzt werden.
• die Bons enthalten zusätzlich zum Grundbon einen Abriß, den sogenannten **Talon**.	– der Abriß wird mit der bestellten Ware zurückgereicht, so daß Verwechslungen ausgeschlossen sind.

2. Richtlinien für das Bonieren

Die ausgeschriebenen Bons sind die Grundlage für alle Abrechnungs- und Kontrollvorgänge.
Das Bonieren muß deshalb mit angemessener Sorgfalt und unter Beachtung besonderer Richtlinien durchgeführt werden.

Bonieren
- beim Dienstantritt sind auf dem ersten Bon das Datum und der Name der Bedienung einzutragen, damit der Beginn des Abrechnungszeitraums fixiert ist
- auf den nachfolgenden Bons werden die zur Bestellung erforderlichen Eintragungen gemacht: Menge, Art und Preis der Ware
- um Verwechslungen auszuschließen, sind die Aufzeichnungen gut leserlich auszuführen
- jeder Bon darf nur mit einer Warenart beschriftet werden, damit das Sortieren, Auszählen und Addieren im Kontrollbüro nicht unnötig erschwert wird
- falsche Bonierungen sind durch die Ausfertigung von **Fehlbons** (Rückbons) rückgängig zu machen (Stornierung)

```
1   28.10.1989        105
    Lambert

1   1 Seezunge        106    21,50
    Müllerin

1   2 Wein Nr. 18     107    24,- | 48,-
```

Merke:
- Die **Originalbons** werden der jeweiligen Abgabestelle (Küche, Buffet oder Bar) übergeben und gelten als Aufforderung, die Ware bereitzustellen.
- Die **Durchschriften** verbleiben im Bonbuch und sind die Grundlage für das Abrechnen mit dem Gast und dem Betrieb.

Beurteilung des Bonierens mit Bonbüchern
- die Verwendung hat gegenüber dem Bonieren mit Registrierkassen Nachteile:
  - großer Zeitaufwand beim Bonieren und Abrechnen sowie bei der Auswertung der Bons im Kontrollbüro
  - mögliche Unkorrektheiten von seiten der Bedienung durch Manipulation beim Ausschreiben der Bons
  - vielfältige Fehlerquellen aufgrund ungenauer, unleserlicher oder falscher Eintragungen auf dem Bon
- die Verwendung ist in besonderen Fällen allerdings zweckmäßig, z. B.:
  - wenn eine kostspielige Registrierkasse für den Betrieb unwirtschaftlich ist
  - bei Sonderveranstaltungen wegen der vereinfachten und gesonderten Abrechnung
  - beim Einsatz von Aushilfskräften, die im Umgang mit Kassen unkundig sind

3. Abrechnen mit dem Gast

Im gepflegten à la carte-Service erhält der Gast im Gegensatz zu einem „Abrechnungszettel" eine Rechnung.

Angaben auf der Rechnung	• Menge, Art und Preis der in Anspruch genommenen Leistungen
	• Rechnungssumme netto, Mehrwertsteuer und Rechnungssumme brutto
	Beachte: In Verbindung mit dem Bonbuch wird die Rechnung handschriftlich ausgefertigt.

Handhaben der Rechnung	• zahlt der Gast bar, wird ihm die Originalrechnung sofort ausgehändigt
	• bei Hotelgästen, deren Verzehr in die Endabrechnung des Hotels übernommen werden soll, ist die Rechnung mit der Zimmer-Nr. zu versehen, vom Gast zu unterschreiben und an den Empfang weiterzuleiten

Schulhotel München

Rechnung

für _Herrn Müller_

Datum 23.03.1993 K.-Nr. 3

2 Menü II	52,—
1 Menü III	28,50
1 Johannisberger Erntebringer	19,50
2 Kännchen Kaffee	8,—
Summe	**108,—**

Im Endbetrag sind das Bedienungsgeld und 15 % MWSt. = DM 14,09 enthalten

---

[1] nach dem jeweils gültigen Prozentsatz.

4. Abrechnen mit dem Betrieb

Die Bedienungen müssen ihre Einnahmen täglich an den Betrieb abrechnen.
Dazu dient ein Vordruck, in den die entsprechenden Eintragungen gemacht werden.

Art der Eintragung
- Datum sowie Name und Nr. der Bedienung
- Gesamtumsatz, Fehlbons (Rückbons) und berichtigter Umsatz
- Restanten und der abzurechnende Geldbetrag

Merke: Restanten sind Rechnungen, die beim Abrechnen mit dem Gast nicht beglichen werden und
- entweder dem Gast oder einer Firma zur Überweisung des Betrages zugeschickt werden
- oder bei Hotelgästen dem Empfang zugeleitet und dort auf die Hotelrechnung des Gastes übernommen werden.

Schulhotel Wiesbaden

Restaurant-Abrechnung

Datum: 23.03.1990 Name: Schmidt Nr.: 8

Umsatz	1.712,40	Restanten/Rechnungen an Hotel		
./. Fehlbons [2]	34,15	Rechnungs-Nr.	Zimmer-Nr.	DM
Berichtigter Umsatz	1.678,25	318	128	123,90
./. Restanten	456,50	459	434	332,60
Kasse	1.221,75			

Erhalten: Steinmüller (Kassierer)

geprüft: Kruse (Kontrollbüro)

	Summe:	456,50

B. Arbeiten mit Registrierkassen

Gegenüber den Bonbüchern haben Registrierkassen große Vorteile:
- Der zeitliche Aufwand beim Bonieren sowie bei den Abrechnungs- und Umsatzkontrollen ist wesentlich geringer,
- Fehler beim Multiplizieren und Addieren sowie beim Sortieren der Bons sind weitgehend ausgeschlossen.

Es gibt zwei grundlegende Arten von Registrierkassen: mechanische und elektronische.

1. Arbeiten mit mechanischen Kassen

Zur Grundausstattung von Registrierkassen gehören Addierwerke in bezug auf die Bedienungen und Addierwerke in bezug auf die Verkaufsartikel.
Bei bestimmten Kassentypen kommt als zusätzliches Ausstattungselement die mechanische Rechnungsstellung hinzu.

Addierwerke für die Bedienungen	• sie werden beim Bonieren entweder durch Einschieben eines persönlichen Schlüssels oder durch das Eingeben eines Codes angesprochen
	• die eingegebenen Bonbeträge werden dann automatisch im Addierwerk der jeweiligen Bedienung registriert und aufaddiert
	Beachte: Das Addierwerk entspricht den Durchschriften im Bonbuch.
Addierwerke für die Verkaufsartikel	• diese Werke werden beim Bonieren mit Hilfe sogenannter Spartentasten angesprochen
	• die eingegebenen Bonbeträge werden auf dem jeweiligen Werk registriert und aufaddiert
	Beachte: Beim Arbeiten mit Bonbüchern entspricht diese Registrierung dem Sortieren der Bons im Kontrollbüro.

Spartentasten	zugeordnete Artikel
– Küche	→ alle Speisen
– Aufgußgetränke	→ Kaffee, Tee, Kakao
– Wein	→ Wein, Schaumwein
– Alkoholfreie Getränke	→ Wässer, Säfte, Limonaden
– Spirituosen	→ Branntweine, Liköre, Aperitifs
– Rauchwaren	→ Zigaretten, Zigarren
– Verschiedenes	→ z. B. Postkarten, Knabbergebäck

Das Bonieren in Verbindung mit Registrierkassen ist durch folgenden Ablauf gekennzeichnet:
- Einführen des Schlüssels in die Kasse bzw. Eingeben des Codes
  - dadurch wird das Addierwerk der Bedienung angesprochen
- Drücken der Spartentaste
  - dadurch wird das Spartenaddierwerk des Verkaufsartikels angesprochen
- Eingeben des Betrages
  - die Kasse gibt einen Bon ab (siehe folgende Seite)

- gleichzeitig registriert die Kasse den Betrag einerseits auf dem Addierwerk der Bedienung und andererseits auf dem Spartenaddierwerk

> Beachte:
> - Auf dem Bon werden durch die Kasse abgedruckt: Nr. der Bedienung, Preis und Sparte, Kontroll-Nr. (fortlaufend) und Datum.
> - Von der Bedienung sind handschriftlich zu ergänzen: Tisch-Nr., Artikel, bei Fleisch u. U. die Garstufe und die Beilagen.

Küchen-Bon

Tisch-Nr.	T 4	4	Bedienungs-Nr.
Artikel	1 Tournedos Rossini (medium)		
Kontroll-Nr. (fortlaufende)	143	34,50	Preis
Datum	30 No	Kü	Sparte
Doppelbon	143	34,50	
	30 No	Kü	

Buffet-Bon

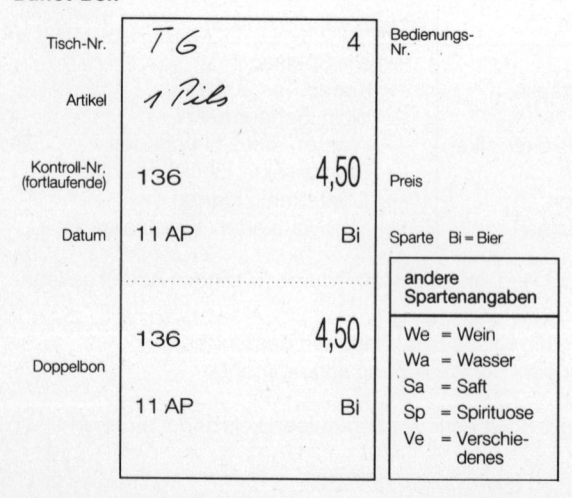

Tisch-Nr.	T 6	4	Bedienungs-Nr.
Artikel	1 Pils		
Kontroll-Nr. (fortlaufende)	136	4,50	Preis
Datum	11 AP	Bi	Sparte Bi = Bier
Doppelbon	136	4,50	
	11 AP	Bi	

andere Spartenangaben
We = Wein
Wa = Wasser
Sa = Saft
Sp = Spirituose
Ve = Verschiedenes

In Verbindung mit Registrierkassen ist das Abrechnen durch folgende Vorgänge gekennzeichnet:

Abrechnen mit dem Gast	• bei Kassen ohne Rechnungsstellung ist die Rechnung wie beim Arbeiten mit Bonbüchern handschriftlich auszufertigen • bei Kassen mit Rechnungsstellung (guest-Check) wird die Rechnung nach folgendem Ablauf automatisch mitgeschrieben – bevor die erste Bestellung eines Gastes in die Kasse eingegeben wird, legt die Bedienung einen Rechnungsvordruck in die Kasse bzw. in das Zusatzgerät ein – die Kasse registriert den Bonbetrag dann nicht nur in den Addierwerken und auf dem Bon, sondern gleichzeitig auch auf der Rechnung – bei jedem weiteren Bonieren sowie vor dem Abrechnen mit dem Gast ist die Rechnung jeweils erneut in die Kasse einzulegen (die nächste freie Zeile wird automatisch gefunden)
Abrechnen mit dem Betrieb	• während der Umsatz der Bedienung beim Arbeiten mit Bonbüchern handschriftlich aufaddiert werden muß, kann bei Registrierkassen am Ende des Dienstes die Gesamtsumme per Tastendruck abgerufen werden • die weiteren Abrechnungsvorgänge gleichen dem Abrechnen mit Bonbüchern

2. Arbeiten mit elektronischen Kassen

Elektronische Kassen sind vollprogrammierte Systeme mit unterschiedlich umfangreicher Ausrüstung.

Bonieren	• die Artikel sind mit allen Detailangaben einprogrammiert, so daß beim Bonieren lediglich die Programmtaste bedient werden muß (z. B. „Bier, Pilsener", „Sherry", „Menü I", „Cordon bleu") • die ausgegebenen Bons sind mit allen erforderlichen Angaben bedruckt • die Artikelbezeichnung erfolgt im Klartext, bei Fleischgerichten einschließlich Garstufe und Beilagen

```
             Restaurant-Kontrolle

        4  32  12:24  08/10  2 Kaffee    8.80
        |  |    |      |       |          |
        |  |   Uhrzeit Datum  Artikel    Preis
        |  |
        |  Kontroll-Nr. (fortlaufend)
        Bedienungs-Nr.
```

| Abrechnen mit dem Gast (Guest-Check) | • die Angaben für die Rechnung werden in einem eigens für den Gast bestimmten Addierwerk registriert
• auf Abruf wird die Rechnung vollständig ausgedruckt, in vollendeter Form auch hier bis hin zum Klartext |
|---|---|

Schulhotel Düsseldorf

Rechnung für *Richard Löffler*

835	Bedienung 4	Datum 15/10/93	Tisch 5
1 Sekt 34		26.00	**26.00**
2 Küche		34.50	**69.00**
1 Wein 75		22.00	**22.00**
1 Storno		22.00	**22.00 −**
1 Wein 76		27.00	**27.00**
2 Kaffee 52		4.40	**8.80**
Mehrwertsteuer DM 17.06 enthalten			
Kasse			**DM 130.80**

Rechnung anerkannt: Unterschrift ....

Zimmer-Nr. .... Name ....
(Blockschrift)

Der untere Teil der Rechnung wird nur ausgefüllt, wenn die Rechnung zur Übernahme auf die Hotelrechnung an den Empfang weiterzureichen ist.

Abrechnen mit dem Betrieb	• in voll durchorganisierten Systemen wird auf Abruf für die jeweilige Bedienung automatisch ein detaillierter Umsatzbericht (Servicebericht) ausgedruckt

Bedienungs-Nr. 5		
Brutto-Umsatz	34	1815.40
Storno	2	76.30
Netto-Umsatz	32	1739.10
Kredit	6	1104.80
Kasse		634.30
Datum 18/10/89		

Alphabetisches Sachregister

A
Ablageteller 122
Abrechnen, mit dem Betrieb 182, 185, 186
–, mit dem Gast 181, 185, 186
Abstechen 48
After-Dinner-Drinks 94
Ahr 51 f.
à la carte-Service 137
Alexander-Cocktail 96
Alkohol 28, 78
–, Gewinnung 28 ff., 78 ff.
– -haltige Getränke 28 ff.
Alt 38
Anis 93
à part-Service 137
Aquavit 90
Armagnac 58, 85
Arrak 90, 91
Assam 22
Aufgußgetränke 16 ff.
Auslese 52, 57
Austerngabel 115

B
Baden 51 f.
Badisch Rotgold 56
Bankett 157
– -ablauf 165 f.
–, Bedienungsabläufe 166
–, Durchführung 163 ff.
– -service 137, 157 ff.
–, mise en place 162 f.
– -vereinbarung 158 f.
–, Vorbereitung 159 ff.
Barack 88
Bardolino 61
Bargläser 119
Barolo 61
Baumwolle 98 f.
Beaujolais 59
Bedienungsabläufe, Bankett 166
–, Frühstücksservice 155 ff.
–, Plattenservice 144 ff.
–, Rotweinservice 70
–, Schaumweinservice 71
–, Tellerservice 139 ff.
–, Weinservice 66 ff.
–, Weißweinservice 67 ff.
Beerenauslese 52, 57
Before-Dinner-Drinks 94
Beigabenteller 123
Beistelltisch 148
Beiteller 123
Bénédictine 93
Berliner Weiße 39
Besteck 109 ff.
– -arten 111 ff.

Besteck-einsatz 111 ff.
–, Handhabung 115
– -pflege 110
–, pflegliches Behandeln 115
– -reinigung 110
–, versilbertes 109
Bier 33 ff.
–, Alt 39
– -arten 38 f.
– ausschenken 41 ff.
– -bereitung 33 ff.
–, Berliner Weiße 39
–, Bock 39
–, Dortmunder Typ 39
–, Einfach- 38
–, Export 39
– -gläser 118
– -hefe 34, 36
– herstellen 36 ff.
– -keller 41
–, Kölsch 39
– -leitung 41
–, Münchner Typ 39
– -rohstoffe 33 ff.
–, Schank- 38
–, Pils 39
–, Pilsner Typ 39
–, Stark- 38
– -typen 39
–, Voll- 38
–, Weizen- 39
– -würze 36
– – -vergären 37
–, Zapfstörungen 42 f.
Bischofsmütze 106
Bitter Lemon 15
– -liköre 93
– -limonaden 15
Blatt-Tee 22
Bleikristallgläser 116
Bloody Mary 96
Blume 64 f.
Bockbier 39
Bocksbeutelflasche 55, 64
Bon 184
– -buch 179
–, Buffet- 184
–, Küchen- 184
Bonieren 179 f., 183, 185
Bordeaux 58 f.
– -flasche 58, 64
–, Gebietsbezeichnungen 60
Bourbon 89
Bowlen 77
Brände 87 ff.
–, Arten 82
– aus Getreide 88 ff.
– aus Obst 87 f.
– aus Wein 83 f.
Branntweine, deutsche 83 ff.

Branntweine aus Wein, französische 85 f.
Brausen 15
Brau-malz 34
– -wasser 34
Brennen 83
Broken tea 23
Brüche 101, 102
Buffet-bon 184
– -service 137, 167 ff.
– -tafel 167
Bügelfaltung 104
Bukett 64 f.
Burgund 58 f.
–, Gebietsbezeichnungen 59
Burgunderflasche 58, 64

C
Calvados 87
Cappucino 21
Carbonate 11
Ceylon 22
Chablis 59
Champagne 58
Champagner 71, 73
– -verfahren 71
Chartreuse 93
Chateauneuf-du-Pape 59
Chianti 61
Chinin 15
Chloride 11
Chrom-Nickel-Stahl 109
– -stahl 109
Cinzano 77
Cocktails 96
Coffein 19
Cognac 58, 85
–, Alter 86
Cointreau 93
Côte du Rhône 59
Cuba libre 96
Curaçao 93
Cuvée 71, 72

D
Darjeeling 22
Darren 35
Darrmalz 35
Deck-servietten 99
– -tücher 99
Dekantieren 70
Dekantierkaraffe 125
Depot 70, 125
Dessert-besteck 112
– -weine 76 f.
Destillation 9
Destillieren 79
Deutscher Tafelwein 56
Dextrine 29
Digestion 82

Doornkaat 90
Doppel-korn 88
− -wacholder 90
− -zucker 29
Dosage 72
Dust 22

E

Edel-korn 88
− -stahl 109
− − -besteck 109
− -zwicker 59
Egalisieren 84
Einfach-bier 38
− -zucker 29
Eis-korn 88
− -tee 26
− -wein 52, 57
Elsaß 58 f.
Emulsionsliköre 93
englischer Service 147
englisches Frühstück 150
Entremets 112
− -besteck 112
Enzian 91
Enzyme 31
Erlauer 62
Espresso-Verfahren 20
Ettaler 93
Export 39

F

Fannings 22
Faßbier 40
Fehlbon 182
Fein-brand 84
− −, Mittellauf 84
− −, Nachlauf 84
− −, Vorlauf 84
− -destillat 84
Fermentieren 22, 26
Festtafeln 98
− herrichten 135 f.
Feuerzangenbowle 91
Fingerbowle 125
Fischbesteck 114
Flaschen-gärung 71 f.
− -größen 75
− -wein servieren 67 ff.
Flöte 118
Franken 51 f., 55
französische Weine 58 ff.
Frascati 61
Frucht-liköre 92 f.
− -brandys 92
− -nektare 14
− -säfte 13
− -saftgetränke 14
− -zucker 28
Frühstück 150 ff.
− auf der Etage 156 f.
−, englisches 150

Frühstück, heutige Angebotsformen 151
−, klassisches 150
−, kontinentales 150
−, mise en place 153 ff.
−, servieren 155 f.
Frühstücks-arten 150 ff.
− -gedecke 154, 156
− -karte 152
− -service 153 ff.

G

Gärführung 37 f.
Gärung 32 f., 37 f., 47
−, alkoholische 33
Gäste-liste 160
− -typen 171 ff.
Gedecke, Arten 130 ff.
− einsetzen 143
− herrichten 131 ff.
− tragen 143
Genever 90
Gerstenmalz 34
Geschmacksnoten, Schaumwein 72
−, Wein 56
Getreidebranntweine 88
Gewürzliköre 93
Gin 90
− Fizz 96
Ginger Ale 15
Gläser 115 ff.
−, Arten 118
− -formen 117
−, geblasene 116
−, Gebrauchs- 166
− handhaben 120
−, Pflege 119
−, Reinigung 119
Glühwein 77
Grand Marnier 93
Grappa 91
Grauburgunder 44
Grog 91
Grund-gedecke 130 f.
− -wasser 10
Grüner Tee 23
Grünmalz 35
Gueridon-Service 147 ff.
Guest-Check 187
Gumpoldskirchner Weine 62

H

Halbleinen 98
Handservietten 100
Hefe 34
Hessische Bergstraße 51 f.
Himbeergeist 88
Hopfen 34
Hotelporzellan, Auswahlkriterien 121
Hummer-gabel 114
− -zange 114

I

Irish Coffee 21

J

Jägermeister 93
Jahrgangssekt 73
Jakobinermütze 105

K

Kabinett 57
Kaffee 16 ff.
−, Anbaugebiete 17
−, Angebotsformen 20 f.
−, Cappucino 21
− -ersatz 19
− -erzeugnisse 19
−, Extraktpulver 19
− -gewinnung 16, 18
− handfiltern 19
−, Irish Coffee 21
− -kirsche 16, 18
−, Lagerung 18
− -maschinen 20
−, Melange 21
−, Pharisäer 21
− rösten 18
−, Rüdesheimer 21
− zubereiten 19 f.
Kakao 26 f.
−, Anbaugebiete 17
− anrichten 27
− -bruch 26
− fermentieren 26
− -früchte 26
− -gewinnung 26 f.
− -pulver 26
− zubereiten 27
Kalte Ente 77
Kalterer See 61
Kaltes Buffet 167 ff.
−, Anordnen der Speisen 168
−, Betreuung 169 f.
− dekorieren 168
Kartoffelsprit 79
Kaufmotive 170 f.
Kaviar-messer 114
− -schaufel 114
Kirsch-likör 92
− -wasser 88
Klarer 83
Kloschen 125
Kohlendioxid 10, 11
Kölsch 39
kontinentales Frühstück 150
Korn 88
− -brand 88
− -sprit 79
Kräuterliköre 93
Kremser Weine 62
Kristallgläser 116
Krone 108
Küchenbon 184
Kullerpfirsich 77
Kümmel 93

L

Lacrimae Christi 61
Lambrusco 61
Landwein 56
Längsbrüche 101
Leinen 98 f.
Liköre 78, 92 f.
–, Bitter- 93
–, Emulsions- 93
–, Frucht- 92 f.
–, Gewürz- 93
–, Kräuter- 93
Limonaden 15
Longdrinks 94, 96

M

Madeira 76
Malaga 76
Malz 34, 35
– -kaffee 19
– -zucker 29
Manhattan 96
Marillenbranntwein 88
Marsala 61, 76
Martini 77
– dry 96
Mazeration 82
Médoc 59
Menagen 123 f.
Menügedeck 132
Milch 15 f.
– -getränke 16
Mineralische Wässer 11 ff.
–, Arten 12
–, enteisen 12
–, entschwefeln 12
–, Verwendung 12
Mineral-wässer 12
– -salze 11
– -stoffe 10
Mise en place 127
–, Bankett 162 f.
–, Frühstück 153 ff.
Mittel-besteck 112
– -bruch 101
– -lauf 84
– -rhein 51 f.
Mixen 95
Mixgetränke 94 f.
Molton 99
Mosel-Saar-Ruwer 51 ff.
Most 45 f.
– -waage 46
Müller-Thurgau 44
Mundservietten 100
–, Formen 104 ff.

N

Nahe 51 f.
Napperon 99
Natronglas 116
Niederschlagswasser 10
Nilgiri 22
Noilly Prat 77

O

Ober-bruch 101
– -flächenwasser 10
obergärige Biere 39
– -Hefen 36
Obstbranntweine 87
–, Arten 87 f.
Öchslegrade 46
Oolong Tee 23
Orvieto 61

P

Perkolation 82
Perlwein 55
Pflümliwasser 88
Pharisäer 21
Phosphate 11
Pils 39
Plattenservice 137 f., 145 ff.
–, Anbieten von der Platte 145
–, Vorlegen am Beistelltisch 147 ff.
–, Vorlegen von der Platte 145 ff.
Platzteller 122
Portugieser 44
Portwein 76
Porzellangeschirr 120 ff.
–, Arten 121 ff.
–, Eigenschaften 120 f.
–, Einsatz 121 ff.
–, Pflege 123
–, Reinigung 123
Preßglas 116
Punsch 91

Q

Qualitäts-schaumwein 73
– -wein 56 f.
Quellwässer 12
Querbrüche 101
Quetsch 88

R

Rappen 44
Raubrand 80
Reben 44
Rechauds 125
Rechnung 181, 186
Registrierkassen 183 ff.
Reklamationen 176
Rektifikation 81
Restaurant 182
– -Abrechnung 182
–, Kontrolle 185
Restsüße 46, 47
Rhein-gau 51 f., 54
– -hessen 51 f., 54
– -pfalz 51 f., 54
Rhône 58 f.
Riesling 44
– -sekt 73
Roh-brand 80, 84
– -kaffee 18

Roh-kakao 26
– -zucker 28
Rosêwein 47, 55, 56
Röst-kaffee 18 f.
– -reizstoffe 19
Rotling 55, 56
Rotwein 55
–, Depot 70
–, Herstellungsverfahren 47
– servieren 70
Rückbon 182
Rübenzucker 28
Rüdesheimer Kaffee 21
Ruländer 44
Rum 90
Ruster Weine 62
Ruwer 51 ff.

S

Saar 51 ff.
Samos 76
Säuerling 12
Sauternes 59
Schank-anlage 41
– -bier 38
Schaumwein 71 ff., 75
–, Bezeichnungen 73
– -gläser 74, 118
– herstellen 71 f.
– servieren 74 f.
–, Ursprung 71
Scheurebe 44
Schillerwein 56
Schlegelflasche 64
Schnecken-gabel 114
– -zange 114
Schonkaffee 19
Schorle 77
Schwarzer Tee 22
Schwenker 119
Sekt 73
Service-arten 136 f.
– -bereiche 160 f.
– -bericht 186
– -methoden 137 f.
–, Richtlinien 128
– -station 128
– -tisch 128, 129 f.
–, Frühstück 154
Servieren vom Wagen 138
Servier-kunde 97 ff.
– -tücher 100
Servietten 100
– -formen 105 f.
Shaker 95
Sherry 76
– -glas 118
Shortdrinks 94
Side Car 96
Silber-bestecke 110
– -bad 110
– –, Behandlung 110
– –, Pflege 110
– -putzmaschine 110

189

Silber-putzpaste 110
Silvaner 44
Slibowitz 88
Soave 61
Sodawasser 12
Spät-burgunder 44
- -lese 52, 57
Speiseteller 122
Spezialbestecke 114 f.
Spirituosen 78 ff.
-, Aromastoffe 81 f.
Sprit, Herstellung 79
Sprudel 12
Spurenelemente 10
Sri Lanka 22
Stammwürze 38
Stamper 119
Starkbier 38
Stärke 29
Steinhäger 90
Stonsdorfer 93
Strainer 95
Sulfate 11
Suppengedecke 113
Systembesteckauswahl 113

T

Table d'hôte-Service 136
Tafel-besteck 111
- -formen 98, 103
- -geräte 109 ff.
- -korn 88
- -orientierungsplan 159 ff.
- -spitze 105
- -tücher 99
- - abnehmen 103 f.
- - auflegen 102 f.
- - handhaben 101 ff.
- -wässer 12
- -wein 56
Tankgärverfahren 73
Tarragona 76
Tee 22 ff.
- -ähnliche Produkte 24
-, Angebotsformen 25 f.
-, aromatisierter 24
-, Broken tea 22
-, Eis 26
-, Erzeugnisse 24
- fermentieren 22
-, Gewinnung 22 f.
- -Grog 26
-, Grüner 23
-, Handelsbezeichnungen 23 f.
-, Herkunft 17, 22
- lagern 24
- -mischungen 24
-, Oolong 23
-, schwarzer 22
- -strauch 22
-, Wirkung 25
- zubereiten 25
Teller-aufnehmen 139 f.
- ausheben 141 f.
- einsetzen 141

Teller tragen 139 f.
- -service 137, 139 ff.
Tisch-tücher 99
- -, Arten 99 f.
- - abnehmen 103 f.
- - auflegen 102 f.
- - handhaben 101 ff.
- -, Material 98 f.
- -, pflegliches Behandeln 100 f.
- -wäsche 98 ff.
Tische 97 f.
- eindecken 130
Tokajer 62, 76
Tonic Water 15
Traminer 44
Transvasierverfahren 73
Trauben-most 45 f.
- - vergären 47
- -zucker 28
Trink-brände 83
- -, einfache 83
- -wasser 11
Triple sec 93
Trockenbeerenauslese 52, 57
Trollinger 44
Tumbler 119
Tüte 107

U

Umgang mit den Gästen 175 f.
Unter-bruch 101
- -glasurdekor 121
- -teller 123
untergärige Biere 39
- Hefen 34

V

Valpolicella 61
Verkaufsgespräch 176 ff.
Vermouth 77
Verschneiden 48
Vielfachzucker 29
Vollbier 38
Vorbereitungsarbeiten 127 ff.
-, Office 127
-, Restaurant 128
Vorlegebesteck, Griffe 146
Vorlegen 145 ff.

W

Wacholder 90
Wasser 9 ff.
-, destilliertes 9
Wein 43 ff.
-, Ahr 53
- -ähnliche Getränke 76
- -amtliche Prüfung 57
- -bau, deutscher 49 ff.
- - -gebiete 50, 51, 52
-, Bereiche 49
- -bereitung 47 ff.
- -, Besonderheiten 53 ff.
-, bestimmte Anbaugebiete 49, 51
- beurteilen 65

Wein-brände, deutsche 84, 85
- -, französische 85 f.
- - servieren 86
- -destillat 79
-, deutscher 55 ff.
- -ernte 44 f.
- - -verfahren 52
- -etikett 63 f.
-, Franken 55
- -flaschenform 64
-, französischer 58 ff.
- -geist 79
-, Gemeinden 50
- -gläser 118
-, Grauburgunder 44
-, Güteklassen 56 f.
- -haltige Getränke 76 f.
-, Hauptlese 45
-, Herkunftsbezeichnungen 49 f.
-, Herstellung 44 ff.
-, italienischer 61 f.
- -karte 62 f.
- klären 48
-, Lagen 50
-, Landweingebiete 50, 51
-, Mosel-Saar-Ruwer 53
-, Müller-Thurgau 44
-, offenen servieren 66
-, österreichischer 62
- -probe 64
-, Rheingau 54
-, Rheinhessen 54
-, Rheinpfalz 54
- servieren 62 ff.
-, Serviertemperatur 66
- -sprit 79
- -trauben 44
-, ungarischer 62
- verschneiden 48 f.
-, Vorlese 45
Welle, dreifach 106 f.
-, einfach 106
Whisky 89
- Sour 96
White Lady 96
Weiß-herbst 47, 56
- -wein 55
Weißer Burgunder 44
Weizenbier 39
Williams 88
Württemberg 51 f.

Z

Zapfen 41 f.
Zapfstörungen 42 f.
Zucker-abbau 31
- -aufbau 30
- -bildung 29 f.
- -stoffe 28 f.
- -, Arten 28 f.
- -, Eigenschaften 29
- vergären 32 f.
zweite Gärung 73
Zwetschgenwasser 88
Zymase 23, 33

Ab jetzt für Auszubildende kein Problem mehr:

**Fachlich richtiges Zusammenstellen von Menüs
– spielend leicht gemacht –**

mit

MenüProfi®

von Dries/Metz

Menüs bzw. Speisenfolgen nach den fachlichen Regeln richtig zusammenzustellen, fällt fast allen schwer. Sie alle kennen das Problem. Es fängt schon damit an, daß die meisten mit dem falschen Gang beginnen wollen.

Jetzt ist Schluß damit: Man nimmt seine nach Speisengruppen sortierten Kärtchen aus der Mappe, beginnt mit irgendeinem Hauptgericht und tauscht nun die ergänzenden Speisen-Kärtchen auf dem Tisch so lange aus, bis das Menü seinen Vorstellungen entspricht.

Die Ergebnisse werden in die mitgelieferten Auswertungsbögen eingetragen und dann mit dem Küchenchef besprochen.

Geübt wird zunächst die richtige Auswahl an 2 aufeinanderfolgenden Gängen, weil es hier um das Grundsätzliche geht. Dann wird das „Spiel" auf 3 bis schließlich 5 Gänge erweitert. Und immer in die Bögen eingetragen, besprochen und evtl. korrigiert.

Aber was wäre ein Menü ohne passende Getränke? Dafür gibt es den 3. Übungsteil, ebenfalls mit entsprechenden Vordrucken.

Zusätzlich sind auch noch einmal die fachlichen Regeln selber für die richtige Menüzusammenstellung abgedruckt; knapp, klar und mit Beispielen verdeutlicht.

Die Kärtchen-Rückseiten enthalten die französischen und englischen Speisebezeichnungen.

Das ist MenüProfi – etwas Schwieriges spielend leicht lernen!

Aber auch für den Küchenchef ist es mehr als ein Spiel: Man kann nämlich zusammen mit einem Besteller schrittweise ein Menü aufbauen, bis er schließlich zufrieden ist.

Das ist MenüProfi – dem Gast spielend ein Menü verkaufen!

Dries/Metz, MenüProfi, 2. Auflage, 36 Seiten Begleitheft mit Übungsformularen, DIN A 4; 96 bedruckte Kärtchen in gesonderter Plastikmappe mit 6 getrennten Fächern
Lieferung nur direkt durch den Verlag möglich!

Weitere Fach- und Schulbücher für das Gastgewerbe

Dries/Struwe Speisen- und Menükunde
5., neubearb. Aufl., ca. 215 Seiten, mit vielen Zeichnungen, Tabellen und Übersichten, kart. (in Vorbereitung)

Dries/Metz Der junge Restaurantfachmann/Die junge Restaurantfachfrau
Lehrbuch für die Berufsausbildung · Grundstufe und Fachstufe komplett in einem Band
4. Aufl., 416 S., 18 x 25,5 cm, mehr als 500 Abb., Zeichnungen und Grafiken, über 200 Tabellen, gebunden

Dries/Metz Die junge Hotelfachfrau/Der junge Hotelfachmann
Lehrbuch für die Berufsausbildung · Grundstufe und Fachstufe komplett in einem Band
4. Auflage, 432 S., 18 x 25,5 cm, mehr als 500 Abb., Zeichnungen u. Grafiken, über 200 Tabellen, gebunden

Dries/Metz Die junge Fachgehilfin/Der junge Fachgehilfe im Gastgewerbe
Lehrbuch für die Berufsausbildung · Grundstufe und Fachstufe komplett in einem Band
2. Auflage, 364 Seiten, mehr als 400 Abbildungen, Zeichnungen und Grafiken, 200 Tabellen, gebunden

Dries Rechenbuch für das Gastgewerbe
Fachrechnen für Schule, Praxis und Prüfung
13. Auflage, 165 Seiten, DIN A 5, mit 1039 Aufgaben, kartoniert

Struwe Arbeitsblätter I zur Fachkunde im Gastgewerbe
für die Mittelstufe/Fachstufe I in den Fächern Fachtheorie und Praktische Fachkunde
2. Auflage, 128 Seiten, DIN A 4 Loseblattsammlung im Schnellhefter   Schülerausgabe/Lehrerausgabe

Struwe Arbeitsblätter Hofa II zur Fachkunde im Gastgewerbe
für die Oberstufe/Fachstufe II Hotelfachmann/-frau in den Fächern Fachtheorie und Praktische Fachkunde/Fachpraxis
120 Seiten, DIN A 4 Loseblattsammlung im Schnellhefter   Schülerausgabe/Lehrerausgabe

Struwe Arbeitsblätter Refa II zur Fachkunde im Gastgewerbe
für die Oberstufe/Fachstufe II Restaurantfachmann/-frau in den Fächern Fachtheorie und Praktische Fachkunde/Fachpraxis
120 Seiten, DIN A 4 Loseblattsammlung im Schnellhefter   Schülerausgabe/Lehrerausgabe

Dries Prüfungsaufgaben für den Restaurantfachmann/-frau
Die gesamte Fachkunde in 1816 Fragen und Antworten, 3. Aufl., 364 Seiten, DIN A 5, kartoniert

Dries Prüfungsaufgaben für den Hotelfachmann/-frau
Die gesamte Fachkunde in 1813 Fragen und Antworten, 4. Aufl., 340 S., DIN A 5, kartoniert

Dries Prüfungsaufgaben für Fachgehilfen im Gastgewerbe
Die gesamte Fachkunde in 1318 Fragen und Antworten, 239 Seiten, DIN A 5, kartoniert

Dries Programmierte Aufgaben zur Speisen- und Menükunde
einschließlich der Nährstoff- und Ernährungskunde. Leitfaden zur Vorbereitung auf den schriftlichen Teil der Zwischen- und Abschlußprüfung, schulische Tests und Leistungskontrollen
2. Auflage, 134 Seiten, DIN A 5, mit 559 Aufgaben, kartoniert, Lösungen als Beilage

Luh Wörterbuch der Gastronomie   Französisch – Deutsch
Schnelle, umfassende Hilfe zur Übersetzung und Erklärung französischer Begriffe aus Küche, Keller und Restaurant. Sprachführer durch die französische Speisekarte mit 5100 französischen Stichworten.
2. Auflage, 176 Seiten, im praktischen Taschenformat 8,8 x 19 cm, gebunden/broschiert

Fachbuchverlag Dr. Pfanneberg & Co. · Westanlage 36 · Gießen